스물여덟,
시의원 출마로
배운 세상

스물여덟, 시의원 출마로 배운 세상

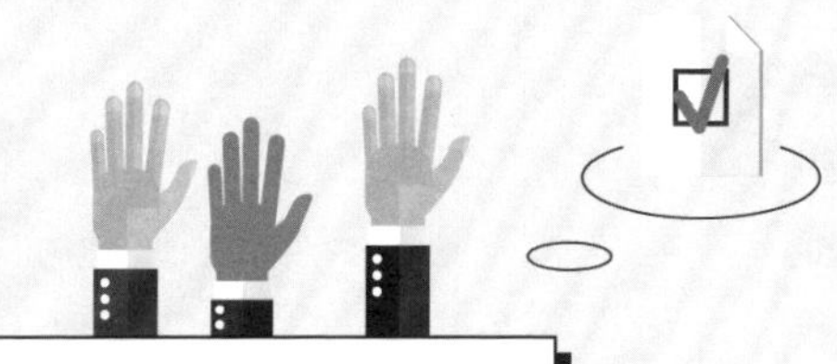

정치신인을 위한 선거운동 미리보기

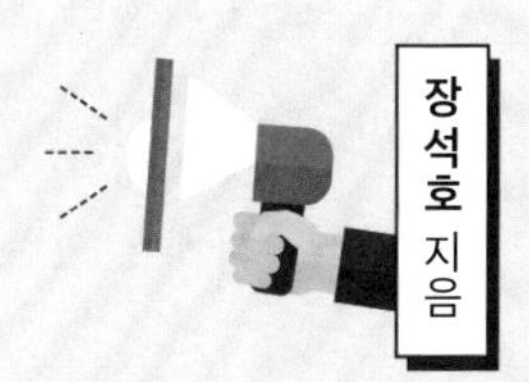

장석호 지음

| 프롤로그 |

정치가 우리의 삶을 바꿀 수 있을까?

"텔레비전에 내가 나왔으면 정말 좋겠네~ 정말 좋겠네~
춤추고 노래하는 예쁜 내 얼굴~"

온 국민이 알고 있는 이 동요, 지금은 작고하신 고故 정근 작사가의 동요 '텔레비전'의 가사다.

사람은 대개 등 따습고 배부르면 자신의 존재를 널리 알리고 남들로부터 인정받고 싶은 욕구가 생기게 된다. 당나라 사람들도 "호랑이는 죽어서 가죽을 남기고 사람은 죽어서 이름을 남긴다"고 이야기하지 않았나.

100년 전만 하더라도 내 이름을 남기기 위해서는 종이나 나무판자, 돌에 문자나 그림을 새겨야 했지만 인터넷 소통 매체나 SNS의 등장으로 내 존재를 알리고 인정받을 수 있는 수단이 많아졌다. 그중 등장과 함께 인류의 역사를 바꾸었다고 해도 과언이 아닐 정도로 커다란 파급력을 가져왔던 것이 바로 텔레비전의 등장이다. 명문부호의 집안은 아니었지만 지역유지 소리를 듣는 집에서 태어나 마을사람들의 관심을 한몸에 받고 자랐던 나 역시 어떻게 하면 텔레비전에 내 얼굴을 비출 수 있을지 고심하고 연구했던 어린 시절 기억이 있다.

춤추고 노래하면 텔레비전에 나갈 수 있지 않을까 생각했지만 세상은 호락호락하지 않았다. 나는 춤과 노래에 대한 재능이 뛰어나거나 절세 미남미녀만 텔레비전에 나올 수 있다는 걸 깨닫게 되었고 곧 다른 방법들을 찾아보았다. 사회적 물의를 일으키거나 몇 억씩이나 되는 돈을 어려운 사람에게 기부하거나 뛰어난 운동신경을 발휘하는 방법이 있었다. 뭐가 되었든 초등학생인 나에게 쉬운 일은 아니었다.

그래도 꿈은 이루어진다고 했나? 내가 중학교에 들어갈 즈음 우리 집 이야기가 텔레비전에 나오기 시작했다. 비록 원치 않았던 방향이었지만 말이다. '단군 이래 최대 규모 민간기업 부동산 분양사기' 피해자로 우리 마을 소식이 언론에 도배되었던 것이다. 그럭저럭 유복하게 살고 있던 우리 집은 하루아침에 부동산 분양 사기의 피해자가 되었다. 그렇게 도련님 대우를 받으며 자란 내게 등 차갑고 배고픈 사춘기 시절이 찾아왔다.

하루아침에 전 재산이 없어졌다. 억울한 피해자가 된 우리 집은 구원의 손길을 찾아 헤맸다. 시청을 찾고 정부기관도 찾아갔지만 정부에서는 피해자들을 일일이 다 만나줄 수 없다며 문전박

대하기 일쑤였다. 지역 국회의원이라고 해서 다르지 않았다. 지역 국회의원은 앞에서는 손을 잡아주며 이야기를 관심 있게 들어주는 것 같았으나 결론은 아무런 소식이 없었다. 텔레비전에서 우리 지역구 국회의원이 나올 때마다 나는 그의 입만 쳐다봤다.

"오늘은 우리 얘기를 해 주실까?"

1년, 2년, 3년… 희망을 놓을 수 없었으나 희망의 크기만큼 고통으로 되돌아왔을 뿐이었다. 아버지는 선거 때만 되면 주민을 위해 일하겠다며 온갖 말들을 쏟아놓고 정작 당선이 되고 난 뒤에는 눈길조차 주지 않는 국회의원들에 대한 믿음을 완전히 잃으셨다. '희망고문'이란 말의 의미를 제대로 이해하시게 된 아버지는 정치에 대한 관심을 끊으셨다.

시간이 지나도 집안 사정이 나아질 기미는 보이지 않았다. 학비를 낼 돈이 없어서 고 3 때부터 아르바이트를 시작했다. 당장 돈을 벌어야 하는 처지에 대학 진학은 그림의 떡이었다. 돈 없는 학생을 위한 국가장학금 제도도 사치였다. 우리 집에 가장 필요한 것은 당장의 생계비였다. 대학 진학은 엄두조차 내지 못한 채 공인중개사인 아버지를 돕기 위해 수능 대신 공인중개사 시험을 봤다. 대학 입학증서 대신 공인중개사 자격증을 취득했다.

다행히 고등학교를 마치면서 사정이 조금씩 나아져 집에 빨간 딱지가 붙거나 내가 생계를 책임져야 할 정도의 고비는 넘겼다. 그렇지만 대학에 가야 할 시기에 삶의 현장에서 일하며 겪었던 생활고는 내 마음속 깊은 곳에 상처를 남겼다.

스무 살 봄, 내가 가지고 있는 것은 30만 원이 들어 있는 통장과 공인중개사 자격증뿐이었다. 다른 친구들이 강의실로 발걸음을 옮길 때 나는 호프집으로 출근했다. 주말에는 친구들이 돗자리를 가지고 바람을 쐬러 오는 공원 모퉁이에 있는 편의점에서 아르바이트를 했다. 나의 스무 살은 주 7일 근무로 시작되었다.

전쟁 같은 하루의 마무리는 늘 자괴감으로 끝났다. 왜 이렇게 살아야 할까? 종교는 없지만 하나님이 나에게 시련을 주신 것일까? 천국에서 영원히 살 수는 없다고 해도 내게 왜 이런 시련을 주시는 건지 따지기 위해 잠깐만이라도 천국에 가고 싶었다.

사실 누구를 탓할까. 세상사 내 뜻대로 되면 이미 나는 웃는 얼굴로 텔레비전에 나오고 있을 것이다. 그 시절 내가 택할 수 있는 유일한 방법은 운명을 순순히 받아들이는 것뿐이었다.

어느 날, 호프집 아르바이트를 마치고 편의점 아르바이트로 넘어가기 전이었다. 평소처럼 허겁지겁 저녁을 먹으며 식당에 걸린 텔레비전을 보고 있었다. 그날따라 유난히 화면 속의 영상이 내 시선을 끌었다.

국회에서 양복을 입은 아저씨들이 서로 삿대질하며 고함을 지르고 있었다. 서로의 멱살을 잡기도 하고, 카메라가 비추고 있음에도 막말을 서슴지 않았다. 내 인생을 살기에도 팍팍한데, 남들 싸우는 장면까지 내 시간을 써가며 보고 있는 것이 불편했다. 하지만 동시에 막연하게 궁금증 같은 게 생겼다.

"저 사람들은 무엇을 위해서 저렇게 싸우는 것일까?"

당장 경찰에 연행되어도 이상하지 않을 것 같은 상황이 전국에 생중계되고 있었지만 어떤 경찰도 그들을 연행하지 않았다. 자막을 자세히 들여다보니 정치 이야기였다.

다른 사람들에게는 다투지 말고 평화롭게 살아야 한다고 말하면서 왜 자기들끼리는 꼭 싸움을 통해 해결하려 할까? 내 처지도 한심하지만 텔레비전 속에 등장하는 그들이 더 한심해 보였다. 약자를 위한 정책 내용을 조정하면서 대화로 해결되지 않자 싸움이 벌어지고 있는 거라는 내용의 자막이 나왔다.

"도대체 정치란 게 얼마나 큰 힘을 가지고 있기에 저렇게 치열하게 싸우는 걸까?"

무작정 휴대폰 검색창에 '정치'를 검색했다.

정치란 '나라를 다스리기 위해 권력을 획득하고 유지하는 일'이라고 한다. 정치의 핵심은 권력이었다. 그 권력을 통해 없던 법을 만들기도 하고, 있는 법을 고치거나 없앨 수 있어 법치국가인 대한민국에서 일어나는 모든 일에 관여를 할 수 있다고 한다.

어린 시절 국회의원을 찾아갔지만 아무 도움도 받지 못했던 우리 가족의 아픈 기억이 다시 떠올랐다. 텔레비전에서 얼굴을 비추는 정치인들은 약자를 챙기겠다고 그렇게 목소리를 높이고 있었는데, 왜 우리 동네 국회의원은 우리 가족의 말을 들어주지 않았을까?

"카메라 앞에선 저렇게 싸워놓고 뒤에선 국민들 아픔은 쳐다보지도 않을 거면서."

상처로 남아 있던 정치에 대한 기억이 이제는 내게 다른 궁금증을 안겨주었다. 불과 몇 년 전만 하더라도 내가 처한 상황이 운명이라는 생각을 순순히 받아들이며 살아왔지만 이제는 그 운명이 정치의 어떤 과정을 통해 결정되는지 궁금해졌다. 법치주의의 근간인 법을 다루는 사람이라면 한 사람의 운명을 바꿀 수도 있는 힘을 가지고 있을 것이다.

정치는 나를 포함한 많은 사람의 삶을 바꿀 수 있을 것 같았다. 체념하고, 관심을 끄고, 불신으로 벽을 쌓기에는 나도 기댈 곳이 필요했다. 지금 내가 처한 상황이 오로지 내 잘못 때문만은 아니라고 생각한 순간, 정치를 통해 동굴 같은 내 삶의 돌파구를 찾을 수 있을 것 같았다.

"비록 한 번 상처를 받았지만, 힘들게 이어지고 있는 나의 삶에 그래도 정치가 버팀목이 되어줄 수도 있지는 않을까?"

냉정하게 나를 차버린 여인처럼 평생 나와는 상관없는 세계로 남을 줄 알았던 '정치'가 다시 내 마음속에 들어왔다. 인터넷을 뒤적이다가 마침 얼마 뒤 대학생을 대상으로 정치인 초청강연회가 있다는 글이 눈에 들어왔다. 이름 하여 '정치를 말하는 대학생강연회.'

대학생은 아니었지만 참가자격이 딱히 있는 것은 아니었다. 강연회에 참가하기 위해 휴가를 내고 난생 처음으로 국회로 갔다. 알고 보니 정당에 가입한 '당원'만 참여할 수 있는 모임이었다. 인터넷 카페에서 포스터를 보고 왔다고 말하자, 내가 적잖이 신기해 보였나 보다. 사람들은 나를 친절하게 맞이해 주었다. 처음으로 국회 시설들을 구경했다. 텔레비전에서 싸우는 모습만 보여주던 국회의원도 봤다. 밖에서는 그렇게 욕을 했었던 사람들이지만 직접 보니 연예인을 보는 듯한 기분이었다.

국회의 모습을 눈에 담기도 바빠 정작 강연회에서 들었던 이야기는 하나도 기억나지 않았다. 다만 그 자리에 참여했던 사람들만은 기억했다. 삼선 트레이닝복을 입고 "젊은 사람들이 열심히 해야 정치가 바뀐다"며 분위기를 돋우던 위원장 형, 행사가 끝나고 본인이 거주하던 성신여대 근처에서 같이 분식을 먹으며 정치에 관심을 가지게 된 이유를 이야기했던 부위원장 누나 등 그들은 모두 우리나라 정치의 발전 방향에 대해 깊게 고민하고 있었다. 이런 사람들만 정치판에 있다면 싸움만 하는 모습도 금방 사라질 것 같았다.

몇 달 활동을 한 뒤 군대에 입대했다. 군대에서도 정치에 대한 관심은 사그라지지 않았다. 내가 느끼는 부당함이나 억울함이 단지 내 개인의 잘못이 아니라 사회 구조에 문제가 있다고 생각하는 순간, 내 시선은 정치로 향할 수밖에 없었다. 정치라는 것은 바로 권력을 바탕으로 제도를 만들 수 있는 힘이기 때문이다.

살아가는 동안 정치적 신념을 바탕으로 조직된 정당 하나쯤엔 내 마음을 주고 싶었다. 전역하고 나서 여러 정당을 찾아보기 시작했다. 우리나라에 등록된 정당의 홈페이지에 찾아 들어갔다.

정당 홈페이지에 들어가면 그 정당이 추구하는 '정당 강령'이 있다. 어느 당은 자유를 위해, 어느 당은 공정과 정의를 위해, 어느 당은 노동을 위해, 어느 당은 평화를 강령으로 내세우고 있었다. 내 가치관에 가장 부합된다고 생각되는 정당에 가입했다. 높은 지지율을 올리는 큰 정당이 아닌 소수정당이었다.

친구들에게도 자랑했다.

"나 ○○당에 가입했어."

그러자, 바로 예상치 못한 질문이 돌아왔다.

"출마하게?"

출마라니? 당원으로 입당만 했을 뿐인데, 친구들의 시선은 다들 나를 예비 정치인쯤으로 보는 것 같았다. 인간인 이상 높은 자리에 올라서고 싶은 마음이야 당연히 있었지만 그 욕구를 정치라는 방법을 통해 해소하고 싶지는 않았다. 막연하게 정치를 통해 제도를 바꾸는 데 내 마음 하나를 주고 싶다는 생각뿐이었다. 게다가 국회에서 만났던 국회의원들은 대학도 가지 못한 내 스펙으로는 도저히 범접할 수 없는 사람들이었다. 한마디로 꿈도 꾸지 않았다.

"출마? 에이, 말도 안 되는 소리야. 출마는 무슨…."

그러거나 말거나 친구는 이야기를 이어갔다.

"큰 정당에 가야 받아먹을 게 있는 것 아니야?"

정치적 신념이 아닌 현실 권력을 통해 내 이익을 챙기고자 생각한다면 친구의 말이 옳을 수 있다. 그러나 내가 작은 정당에 가입한 이유는 단지 그 정당이 내 가치관과 가장 잘 맞았기 때문이었다. 이왕 당비로 돈을 낸다면 내 가치관과 가장 비슷한 정당에 힘을 보태고 싶었을 뿐이다. 장난스럽게 추궁하는 친구의 말에 연신 "헛소리하지 말라"는 대답과 함께 술잔을 비웠다.

어쨌든 정치에 접하는 과정에서 만나는 첫 관문인 당원으로 입당을 했고, 정당의 당원이 되자 접할 수 있는 정치적 행사가 많아졌다. 교육모임, 친목모임, 봉사모임 등 꽤나 많은 모임이 정당 안에서 이루어지고 있었다.

정당에서 활동하면서 가장 놀란 점은 비슷한 정치적 신념을 가진 사람들끼리 자발적으로 돈을 모아 단체를 유지한다는 게 매우 힘든 일이라는 사실이다. 시장경제 구조에서는 내 돈을 투자한다면 대개 유형의 대가가 따라오지만, 사회를 바꾸기 위해 만들어진 정당은 그렇지 않다. 내 손에 떨어지는 것이 없다. 선거법위반이라며 밥 한 끼를 먹어도 각자 계산해야 했다. 당원들은 단지 정치적 신념에 이끌려 더 나은 사회를 만들어가자는 마음으로 십시일반 피 같은 돈을 내고 있었다.

그래도 힘겹게 살아가는 시민의 삶을 개선하고 더 나은 국가 미래를 위한 비전에 대해 토론하는 뜨거운 열정을 이곳이 아니라면 어디에서 찾아볼 수 있을까. 그렇게 당원으로 활동한 지 3년차로 접어들었을 때 뜻밖의 기회가 찾아왔다.

"우리 정당 OOO국회의원실에서 청년 인턴을 모집한다는데, 한번 지원해볼 생각 없어?"

차례

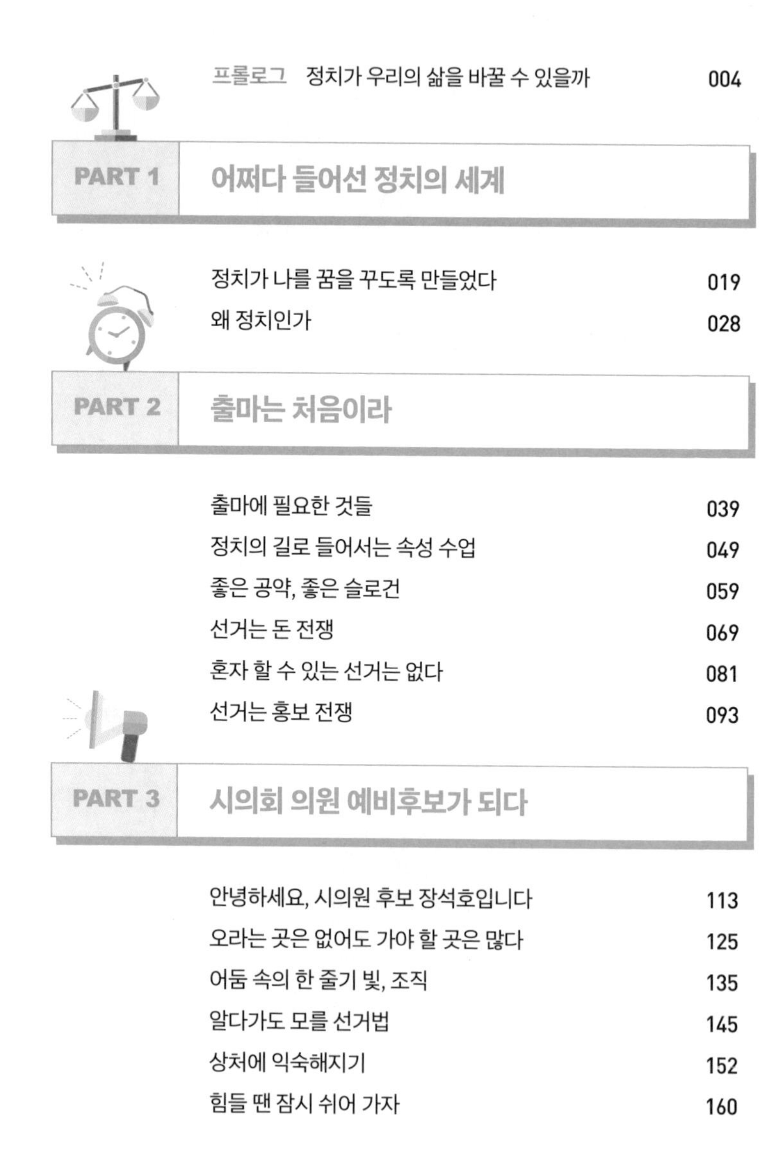

PART 4 전쟁의 시작, 본선

PART 5 마지막 여정, 땀과·눈물의 시간 이후

PART 1

어쩌다 들어선 정치의 세계

정치가 나를 꿈을 꾸도록 만들었다

국회의원실에서 청년 인턴비서를 뽑는다는 말을 듣고 문득 이런 생각이 들었다. 내가 가지고 있던 정치란, 국회란, 텔레비전 속에서 쌈박질을 하는 사람들의 모습이 전부였지. 이제 '텔레비전에서 보던 그림을 실제로 볼 수 있는 기회야.'

어찌 흥미롭지 않을까. 기회가 아닌가. 기회를 놓치고 싶지 않았다.

필요한 서류는 이력서 한 장.

그런데 대학 문턱도 넘어보지 않은 내가 이력서 칸을 채우려다 보니 쓸 말이 없었다. 비록 학력 칸에 적어 넣을 수 있는 말은 짧지만 그렇다고 해서 빈 칸으로 놓아둘 수는 없다. 공인중개사자격증, 근무했던 회사, 아르바이트 경력, 어려운 시절이었음에도 꿋꿋하게 중학교 전교 부학생회장으로 활동했던 경력 등 나를 설명할 수 있는 온갖 스펙은 다 적었다.

채워 넣은 이력서를 들여다보자니 무게감이야 떨어지지만 나름 열심히 살아왔다는 생각이 들었다. 그럼에도 다들 채워 넣는 학력 사항이 빠진 이력서가 허전해 보이는 건 어쩔 수 없었다. '고졸 노무현'이라며 대통령을 비웃던 사람들이 많았다는 사실을 떠올리며 자존감도 떨어졌다. 당연히 다른 경쟁자들은 짱짱한 학력과 경력으로 채워져 있을 거였다. 기대감이 생겨날 턱이 없었다.

세상에… 며칠 뒤, 국회의원실로부터 출근하라는 연락이 왔다. 스펙 짱짱한 경쟁자들을 제치고 내가 선택을 받았다. 어떻게? 나중에 은근슬쩍 물어보니 학벌이 아니라 삶의 현장에서 몸으로 체득했던 경력을 높이 샀다고 한다. 이런! 좌충우돌, 살아남기 위해 발버둥치던 삶이었건만 어떤 자리에서는 오히려 점수를 딸 수도 있었구나.

국회에서 3개월의 인턴비서 생활을 시작했다. 인턴. 정해진 기간 동안 업무능력을 검증한 뒤 정식 채용으로 이루어지는 과정이다. 그 시간 안에서 네 능력을 발휘하라는 뜻이다. 내게 주어진 첫 번째 임무는 자료조사. 대형 법무법인에 소속된 고문 중 정부기관에서 일했던 고위공직자 출신이 얼마나 되는지 파악하는 것이었다.

처음에는 의문이 들었다. 뭘 이런 것까지 알아보나. 하지만 알아갈수록 생각이 달라졌다. 국민적 관심도가 낮을 뿐 중요한 주제였다. 정부기관에 몸을 담았다가 기업의 입장을 대변하는 법무법인에 가는 것은 전관예우, 즉 비리의 싹이 될 수도 있기 때문이다.

퇴임한 고위공직자들은 대형 법무법인에 '비법조인 고문' 자격으로 많이 취업하는데, 여기서 자신이 몸담았던 정부부처에서 쌓은 인맥으로 로비를 하는 경우가 흔하다. 반대로 법무법인 출신 고문이 관직으로 자리를 옮기면 기업의 입장만을 대변하게 될 수도 있다.

현황을 파악하기 위해 정부부처 홈페이지와 대형 법무법인 홈페이지를 들여다보면서 하나하나 확인하기 시작했다. 수많은 고위공직자들이 대형 법무법인에 발을 들였던 경력이 있었다. 이 정도면 연관성 수준을 넘어 정부부처와 대형 법무법인은 수시로 들고나는 이웃집 수준이라고 해도 믿을 정도였다. 이런 현상을 '회전문 취업'이라는 말로 칭하기도 하는데, 이들은 인맥을 바탕으로 수십억 원이나 되는 수임료를 받는 경우도 비일비재했다.

국회의원이라는 '헌법기관'의 역할은 바로 이런 실상을 파악해 정부를 견제하거나 관련법을 제정하거나 개정하는 것이다. 그러나 현실은?

우리가 어떤 일을 진행하기 어려울 때 하는 말이 있다. "법 때문에 안 된다." 여기서는 그 말이 통하지 않았다. 법 때문에 안 된다면 법을 만들거나 바꾸면 되니까. 미흡하긴 하지만 4급 이상 공무원은 퇴직 후 몇 년은 일정 규모 이상의 로펌으로 직행하는 걸 제한하는 공직자윤리법이 그래서 제정된 것이었다.

다행히 실무 능력을 인정받아 '인턴비서'의 고용형태로 쭉 일하게 되었습니다. 이후로 국회의원 수행부터 자료조사, 질의서 작성까지 내게 주어진 일이라면 다 했다. 국회의원실에서 일하는 동안 수많은 모습들이 기억에 남아 있기는 하지만 가장 놀랐던 것은, 나보다 더 힘들게 살아가는 사람들이 많다는 것이었다. 뉴스에까지 보도되었던 우리 집 상황은 그래도 나았다. 어떤 기업은 방송사 로비로 피해자의 존재를 보도조차 하지 못 하게 압력을 넣는 경우도 있었다.

억울한 사람들이 하루가 멀다고 의원실의 문을 두드렸다. 돕고 싶었지만 힘없는 작은 정당 소속 국회의원, 아니 스탭에 불과한 나로서는 한계가 있었다.

"왜 저렇게 힘든 사람들이 힘이 있는 정당에 가지 않고 우리 국회의원실로 찾아올까?"

그렇게 생각했다. 왜 그럴까? 거대 정당의 정치인들이 이런 일을 해결할 힘이 없어서일까? 사실은 아예 들어주지 않기 때문이었다. 거대 정당 의원들은 자신을 후원하는, 즉 돈을 주는 재벌기업의 눈치를 보느라 억울하게 피해를 본 이들을 만나주지 않는 경우도 많다고 했다.

내가 직접 겪었던 일이었으니 그들의 심정이 가늠되었다. 카메라 앞에서는, 지역주민 앞에서는 모든 걸 다 해결해 줄 것처럼 말하지만 뒤에서는 자신을 후원하는 기업 입장을 대변하고, 표가 나오지 않을 곳에는 조금도 관심이 없는 철저한 힘의 논리가 작동하는 곳, 그게 정치판이었다.

하나하나가 독립된 헌법기관인 국회의원. 그들이 어디에, 어떻게 그 힘을 쓰느냐에 따라 한국 정치는 좌우로 오가며 현실 정치의 한 점에 서 있다. 그들은 자신의 욕망과 목표에 따라 이리 서고 저리 서겠지만 그들이 행하는 정치적 손짓에 따라 일반 국민들의 삶은 어마어마하게 달라진다. 한 사람의 삶을 벼랑 끝으로 밀어버릴 수도 있고 잡아 줄 수도 있는 것이다.

의원실에서 일하며 권한을 쓰는 과정을 들여다 볼 수 있었다. 일반 대중이라면 구토가 나올 만한 마타도어와 방해 공작이 난무하는 모습도 보았다. 힘은 힘으로 제압한다고 했나? 텔레비전에서 보던 고성과 삿대질은 갈등의 겉모습이었을 뿐이었다. 피가 흐르지 않을 뿐 전쟁이었다. 언젠가는 유토피아의 세상이 올 거라는 낙천적 환상을 품고 살아왔던 내게 정치는 오물을 뒤집어쓰더라도 현실적인 진전을 만들어내는 일이라는 정치현실을 들여다보게 만들었다.

권한은 막강하지만 제대로 된 견제 장치는 없는 곳이 우리나라 입법부, 국회였다. 국회의원 한번 해보면 누구도 거기서 헤어 나오지 못 한다는 말이 있다. 정말 그랬다. 그러나 콧대 높은 그들도 쩔쩔매야 하는 사람들이 있다. 지역 주민이다. 아무리 어깨에 뽕을 잔뜩 넣고 싶어도 그건 일단 당선이 되어야 하는 일이다. 그리고 그 열쇠는 지역 주민들이 쥐고 있는 것이다.

전국 단위로 선출하는 비례대표를 제외한 선출직 정치인들은 지역별로 인구수에 비례해 일정하게 묶인 지역구에서 선택받아야 한다. 내가 모셨던 의원님은 전국단위 비례대표로 국회의원이 되셨지만 국회의원을 한 번 더 하기 위해서는 비례대표가 아닌 지역구에서 당선이 되어야 했다.

목적은 다르겠지만 국회의원이라면 거의 예외 없이 국회의원을 한 번 더 하고 싶은 욕심이 있다. 누구는 자신의 정치적 욕구를 채우기 위해, 누구는 꼭 바꾸고 싶은 법이 있어서, 누구는 보이지 않는 곳에서 고통 받는 사람들을 돕기 위해 다시 국회의원을 하려고 한다.

문제는 그런 사람들이 전국에 수만 명이나 있지만 여의도에 정해진 자리는 300석뿐이라는 점이다.

매번 총선이 다가오면 각자의 목적으로 국회에 입성하고자 하는 사람들이 후보 명단에 등록한다. 금배지를 향한 경쟁이 치열해진다. 내가 모셨던 의원님이 출마한 선거구는 현직 국회의원이 무려 3명이나 후보로 나왔던 곳이다. 각자의 목적으로 혹은 권력을 다시 갖고 싶어 출마하겠지만 1등만 당선되는 선거에서 두 사람은 낙선의 고배를 마시게 될 수밖에 없다.

지역구 선거에서 당선되기 위해선 지역 주민과 밀접한 관계를 맺어야 하는 게 필수다. 하지만 거대 정당들은 오랫동안 지역 주민과 쌓은 신뢰 관계가 깊었고, 반면 작은 정당은 그렇지 못 했다. 아무리 국회에서 일을 잘한다고 해도 지역에서 거대 정당이 오랫동안 쌓아 놓은 선거 조직이라는 큰 벽을 뛰어 넘는다는 건 다른 문제였다.

내가 모셨던 의원님은 소수 정당이라는 불리함을 극복하기 위해 지역 주민들과 더 깊게 소통하기 위해 노력했다. 지역 행사에 빠지지 않고 찾아가 인사를 드리고, 그분들의 목소리도 빼놓지 않고 들으셨다. 물론 어려운 문제도 해결해 주셨다. 도움을 받으신 분은 정당 행사가 있을 때 간식을 가져다 주시며 마음을 표현하시기도 했다. 우리에겐 당연히 해야 할 일이고 아주 어려운 문제도 아니었으나 그분들에게는 생존이 달린 문제였기에 그렇게 마음을 표현한 것이었으리라. 뿌듯한 마음이 들었다. 이것이 정치의 효능이 아닐까 하는 생각이 들었다. 내가 쓸 수 있는 힘을 미약하다고 생각했으나 막상 어떤 면에서는 누군가에겐 큰 도움이 될 수 있다는 정치의 효능을 새삼스럽게 깨닫게 되는 경험이었다.

대부분의 사람들은 아마도 국회의원이라고 하는 사람들을 그저 하는 일 없이 세금을 빨아먹는 별로 볼 일 없는 이들로 생각하기 쉽다. 언론에서 그런 면을 조장하기에 그러한 이미지로 박혀 있기도 하다.

하지만 생각보다 국회의원이 할 수 있는 역할은 크고 실제로 그 역할에 충실한 분들도 많다. 내가 모시고 있던 의원님도 그랬다. 그분이 재선되었으면 좋겠다는 생각이 더 강해졌다. 곁에서 실무를 담당하고 있는 나도 간절했는데, 당사자인 의원님은 오죽

하셨을까. 의원님은 동네 주민이 있는 곳이라면 어디든 가셨다. 시장, 경로당, 친목모임 등 추운 겨울에도 동네 구석구석을 돌아다니셨다. 나도 아침부터 저녁까지 의원님을 수행하며 동네를 누볐다. 눈을 맞고, 비를 무릅쓰며 더 많은 주민들을 만났다.

하지만 아쉽게도 낙선했다. 거대 정당이라는 벽을 넘지 못했다. 소수정당이 지역 선거에서 살아남는다는 것은 계란으로 바위를 부수려는 것처럼 무모한 일이었다. 그럼에도 단단한 바위에 금이라도 내기 위해 분투했던 도전정신은 오랫동안 내 기억에 남았다.

임기를 마무리 지어야 할 시간이 다가오면서 사무실을 정리하던 어느 날, 의원님이 나를 부르셨다.

"석호야, 2년 동안 일해 보니까 어땠어?"

솔직하게 말해야 하나? 국회에서 일하면서 느낀 점? 국회는 거대한 권력자들의 놀이터 같았다. 열심히 일했지만 그만큼 바뀌지 않는 현실에 대한 좌절도 컸고, 현실 세계에서 한 걸음이라도 나아가는 결과를 만들어내기 위해 오물을 뒤집어쓰는 것도 감수해야 하는 것이 정치인이라는 것. 일반 대중이라면 엄두를 내기도 힘든 길을 걷는 사람들이라는 걸 느꼈었다. 그런 느낌을 솔직하게 털어놓았다.

"우리 석호가 잘 배웠네. 약한 사람들을 위해 정치를 한다면, 강한 사람에 대적하기 위해서는 내 한몸 내던져서 다칠 준비가 되어 있어야 해. 그래야 우리 몫을 지킬 수 있어."

의원님은 잠시 차를 한 모금 마신 뒤 말씀하셨다.

"나는 석호가 2년 뒤에 시의원 출마를 꼭 했으면 좋겠어."

의원님은 내게 2년 뒤에 있을 지방선거 시의원 후보로 출마하라며 권했다. 그분이 낙선의 상처로 힘들어 하는 모습을 보았는데, 그 힘든 길을 가라고 내게 권한다. 공감되지 않았다.

"석호는 국회에서 남들이 경험하기 쉽지 않은 일들을 겪었고, 아마 느낀 바가 많을 거라고 생각해. 그 경험을 바탕으로 동네 주민을 위한 정치를 하는 것이 석호에게도 큰 도움이 될 거야."

의원님께서는 국회에서 직접 보고 배웠던 것을 바탕으로 지방의회에서 실력을 발휘했으면 하고 바라셨다. 나도 가능할까? 나는 보좌진의 역할만 했을 뿐이었다. 주연으로서의 역할은 없었다. 게다가 나는 내성적이고 수줍음도 많이 타는 걸?

낙선의 아픔이 아물지도 않았는데, 내게 출마를 권하는 의원님을 보면서 '정치인의 숙명'이 무엇인지 조금은 알게 되었다. 비록 낙선이 되었더라도 정치인이 지켜야 할 시민의 삶까지 멈춰서는 안 됐다. 의원님은 내 어깨를 토닥거려 주셨다.

"천천히 고민해봐. 나는 석호가 잘할 수 있다고 믿어."

사실 엄두가 나지 않았다. 그냥 "생각해 보겠습니다." 정도로 말을 끝냈다. 실제로 선거에 나갈 거라곤 상상도 하지 않았다.

그리고 곧 실업자가 되었다.

왜 정치인가

국회에서 보낸 시간은 하룻밤 꿈처럼 짧았지만 그 여운은 길었다. 정치라는 게 무엇인지 새삼 깊이 생각해보는 시간이었던 것이다.

사람들은 대개 현실의 어려움에 부딪칠 때 신을 찾아 기도하며 구원을 갈구하지만 사실 그 해답은 정치에서 비롯되는 경우가 많다. 그래서 흔히 정치인들을 비웃고 정치에 환멸을 느끼고 혐오감을 드러내고는 하지만 결국 정치에 목을 맬 수밖에 없다. 모든 사람들이 원하는 돈과 힘, 그것을 다루고 나누는 것이 정치이기 때문이다. 돈을, 권력을 천박한 것처럼 말하면서도 뒤로는 그것을 추구하는 비합리가 있는 것처럼.

정치는 우리가 숨 쉬는 공기처럼 외면하고 무시한다고 해서 사라지는 것이 아니었다. 오히려 외면하는 순간 맑은 공기가 아니라 탁한 매연, 더 나빠진다면 독가스가 될 수도 있는 것이었다.

여의도에 있으면서 세상에는 정치의 손길이 닿지 않는 곳에 도움이 필요한 사람이 많다는 것을 알았다. 그러나 그들을 위해 해줄 수 있는 힘이 내게는 없다.

나는 여의도에서 벗어나 내가 나고 자란 동네에서 일어나는 일에 시선을 돌렸다. 지금까지 관심을 기울이지 않아 모르고 있었을 뿐 우리 동네에도 도움의 손길이 필요한 사람들이 많았다. 가정폭력이나 스토킹에 시달리지만 어디 가서 제대로 신고를 할 수도 없는 사람, 근로기준법도 준수하지 않는 사업장에서 일하며 제대로 권리를 보장받지 못 하는 사람, 난치성 질환을 가지고 태어난 아이들도 있었다. 이렇게 동네에는 도움이 필요한 사람들이 많았다.

이들에게 도움의 손길을 내밀 수 있는 힘을 가지고 있는 사람, 그것이 의원님이 내게 권했던 기초의원이었다. 서울, 대전, 대구, 부산, 광주, 울산 등 특별시나 광역시는 구 의원, '시' 단위에 살고 있다면 시의원, '군' 단위에 살고 있다면 군 의원이 동네 주민들과 함께 호흡하는 생활밀착형 정치인인 기초의원.

국회의원은 법을 만들거나 바꾸고, 정부예산 사용과 정책을 감시하고 견제한다. 그리고 기초의원은 우리 동네 조례를 만들거나 바꾸고, 지방정부의 예산 사용과 정책 집행을 감시하고 견제한다. 결코 작은 역할이 아니었다. 어찌 보면 정치 영역에서 가장 피부에 와 닿는 역할을 수행하는 사람들이었다.

지난 지방선거에서 투표를 했던 나도 분명히 우리 동네를 대표하는 시의원을 뽑았을 텐데, 정치에 관심이 많은 나조차 우리 동네 시의원이 누군지 몰랐다.

우리 동네 시의원은 누굴까? 시의회 홈페이지에 들어갔다. 내가 살고 있는 안양시에는 20명이 넘는 시의원이 의정 활동을 하고 있었다. 회의록도 전부 공개되어 있었고, 안양시에서 집행되는 예산안 심의, 의결부터 일상적인 정책까지 감시하고 견제하고 있었다. 동네에서 일어나는 정책이라면 전부 시의원의 손을 거쳐 가고 있었다. 어찌 보면 국회의원과 기초의원은 행사할 수 있는 권한의 범위만 다를 뿐, 시민으로부터 선출되어 행정을 견제하고 예산을 심의하는 일은 같았다.

그러나 나처럼 직접 찾아보지 않으면 기초의원이 무슨 일을 하고 있는지 알기는 어렵다. 국회의원은 언론에서 많이 다루지만 기초의원은 거의 언급되지 않는다. 기껏 나오는 뉴스라고 해봐야 정책 보도가 아닌 탈법적인 행태에 초점을 맞추는 경우뿐이다. 시민의 세금으로 해외연수를 가서 도우미가 나오는 노래방을 찾았다거나 시의원이 대표로 있는 회사의 제품을 입찰 과정에 포함하는 등 이해충돌 사례 같은 것들이다.

우리 동네 역시 현직 기초의원이 업무상 알게 된 개발정보를 바탕으로 부동산을 취득했다는 의혹이 제기돼 시민단체에서 진상규명과 재발방지를 요구하는 일이 있었고 보면 왜 기초의원이 있어야 하는지 인식하지 못 하고 있는 사람들이 태반이었다.

기초의원이나 광역의원이나 지방의원은 동네 주민들과 가까이

서 호흡하는 생활밀착형 정치인이다. 하지만 시민 수준을 따라가지 못 하는 지방의원이 지방의회의 신뢰도를 떨어트리고 있는 게 현실이다.

정치 전반에 대한 신뢰가 바닥으로 떨어져 있는 상황에서 당연히 이들을 향한 시민의 시선은 곱지 않다. 정치인을 불신하는 만큼 정치는 혐오의 영역에 있다. 그러나 정치인에게는 국민의 불신과 무관심의 벽이 쌓이는 것이 더 편하다는 것이 역설이다. 견제보다 무관심이 그들만의 리그를 꾸리는 데 더 도움이 되기 때문이다.

나는 시민과 공무원 위에 군림하는 정치인이 아니라 지역 주민들과 더불어 어깨를 걷고 걷는 것이 정치라는 걸 배웠지만 현실은 달랐다. 높은 도덕성을 바탕으로 나를 버리고 공익을 위해 일해야 하는 정치인이 오히려 제 잇속만 챙기는 안타까운 현실을 마주할 때마다 "정치인은 시민의 얼굴을 닮아야 한다"고 했던 의원님 말을 떠올렸다.

국회에서 보고 배운 것처럼 모든 정치권력은 시민에게 다가갈수록 본래의 역할을 할 수 있는 것이라는 걸 생각했다. 텔레비전에서 삿대질을 하며 고함을 질러대는 국회의원을 보면서 들었던 어린 시절 생각이 다시 떠올랐다.

"내가 해도 더 잘 할 수 있겠다."

나와는 전혀 관계없는 일이라고 생각했던 선거 출마. 이제 막연한 일이 아니게 되었다. 처음 정당에 입당한 지 벌써 4년이 흘렀고, 그때와 비교하면 정치에 대한 이해도가 많이 늘기도 했다.

하지만 문제는 가능성. 내가 선거에 출마해도 괜찮을까? 대학 졸업장도 없고, 통장에 들어 있는 전 재산이라고 해야 3천만 원이다. 돈과 학력으로 인해 출마에 제한을 받는 것은 아니지만 불신의 대상인 정치, 그중에서도 권력을 향한 치열한 싸움이 벌어지는 난장판 속으로 뛰어든다는 건 어마어마한 용기가 필요한 문제였다.

선거에 출마를 하게 된다면 역량과 자격을 검증받게 된다. 죄를 짓고 살진 않았지만 내 도덕 수준이 유권자의 기준에 부합할까? 학창 시절에 담배를 잠깐 피웠던 게 문제는 되지 않을까? 주위 사람들은 뭐라고 할까? 가능성이 거의 없으니 아마도 만류하겠지? 이것저것 떠나 가족들은 설득할 수 있을까? 그냥 조용히 살 수도 있는데, 꼭 출마를 해야 하나? 출마했다가 낙선이 된다면 그 후에는 어쩌지? 고민은 꼬리를 물고 머릿속을 떠돌았다.

그러나 고민을 거듭하는 동안 '역경의 길에 올라서도 현실 세계에 한 걸음의 진전이라도 만들어내자'는 생각이 들었다. 4년 동안 정치 현장을 바라보며 안목을 길렀으니, 내 정치적 신념을 바탕으로 동네를 바꿔보고 싶다는 마음이 더 커졌다. 낙선이 되더라도 스물여덟의 나이에 공직선거에 출마하는 것 자체가 인생의 큰 경험이기도 하다. 살면서 내 이름이 투표용지에 인쇄되는 경험, 내 얼굴과 이름이 온 동네에 내걸리는 경험을 이때가 아니면 언제 해볼 수 있을까.

선거에 출마하면 출마 비용이 당연히 부담이 되는데, 후보로 출마하는 사람에게 일정 금액의 정당지원금이 지급될 것이라는 이야기를 들어서 금전적인 부담도 덜 수 있었다.

고심 끝에 우리 동네 기초의원인 안양시의원 선거에 출마하기로 결심했다. 정치는 국회에서 배웠기에 국회의원이 되고 싶다는 열망이 컸지만 그건 현실적으로 너무나 멀다. 내가 감당할 수 없을 정도의 돈이 필요했고, 1등만 당선이 되는 소선구제에서 작은 정당 후보는 당선 가능성이 거의 없다.

반면 내가 살고 있는 동네 시의원은 국회의원이나 시장, 대통령처럼 1등만 당선되는 것이 아니라 3등까지 당선되는 중선거구제였다. 큰 정당에서 후보를 두 명씩 내고 있지만, 3등 안에만 들어가면 되기 때문에 당선 가능성이 조금은 있을 것 같았다. 또한 주민과 밀착한 정치인으로 자리매김 해야만 더 큰 역할에 도전할 수 있을 거라고 생각했다.

"그래, 한번 해보자. 설마 죽기야 하겠어?"

출마 결심을 하고 가장 먼저 아버지를 찾아갔다.

"아빠, 저 이번 지방선거에 출마하려고요."

정당 생활을 오랫동안 해온 아들이었기에 출사표가 당황스럽지는 않은 눈치였다. 그러나 아버지는 잠시 한숨을 내쉬더니 말씀하셨다.

"꼭 그걸 해야겠어?"

자식 이길 수 없는 부모 없다는 말을 잘 실천하던 아버지도 명확한 반대 의견을 피력하셨다.

"너 살기도 바쁜데, 왜 남 좋은 일을 해 주려 하니?"

겨우 입에 풀칠을 할 수 있게 되었더니 남 좋은 일을 하기 위해 고난의 길을 떠난다는 아들을 철없다는 듯이 바라보셨다. 특히 아버지는 오래전 경험을 통해 정치인에 대한 불신이 깊은 분이었다.

아버지는 내가 어떤 일을 해도 응원해 주셨지만, 무슨 일을 해도 욕을 먹는 정치인의 길은 말리고 싶어 하셨다. 아무리 인생은 자기 뜻대로 사는 것이라고 하지만 고생길로 들어간다는 자식을 보고 흔쾌히 좋아해 줄 부모가 어디 있을까?

"정치인은 고되고 힘들다. 우리나라 정치인 중 끝이 좋은 정치인도 별로 없다."

아버지는 어떻게든 말리고 싶으셨을 거다.

"저도 많이 고민했습니다. 지금이 기회에요. 제가 힘들었을 때의 기억을 살려서 더 힘든 사람에게 힘이 되어주고 싶어요."

둥글둥글한 성격을 가진 아들이 이렇게 강하게 나오는 것을 오랜만에 보셨나 보다. 사실 이전에도 강하게 말린 적은 몇 번 있었다. 하지만 몇 년 전 달랑 50만 원만 들고 호주로 워킹홀리데이를 떠나 1년 동안 호주 전역을 돌며 일하고 여행하며 그 결과물로 책까지 출판했던 아들이 몇 년 만에 다시 야심 찬 눈망울로 설득하자 아버지는 며칠 뒤 응원의 메시지를 보내셨다.

"흔치 않은 기회인데 꼭 열심히 해서 좋은 결과 있었으면 좋겠다."

감사하다는 답장을 보냈다. 어렵게 지지를 얻은 만큼 도와달라는 말은 하지 못 했다. 고생은 나 혼자 해도 되니까.

내가 모셨던 의원님께도 전화를 드렸다.

"의원님, 저 출마하려고 합니다."

의원님은 마치 미리 알고 계셨다는 듯이 차분하게 말씀하셨다.

"그래, 잘 생각했어. 석호는 기본이 되어 있으니까 충분히 잘 할 수 있을 거야."

의원님은 갓 출마를 결심한 후보에게 필요한 것이 무엇인지 알고 계셨다. 바로 아낌없는 응원과 격려였다.

그렇게 공식적으로 출마를 향한 길로 들어섰다. 몇 년 전까지만 하더라도 절대 들어서지 않으리라 생각했던 그 길에, 되돌아갈 수도 없는 가시 돋친 그 길에.

PART 2

출마는 처음이라

출마에 필요한 것들

공직 선거에 출마하고자 한다면 일정한 자격 요건을 갖춰야 한다. 그리고 당연히 자격을 증빙하는 서류를 선거관리위원회에 제출해야 후보로 등록할 수 있다.

출마를 하기 위해 어떤 서류를 준비해야 하는지 알아보기 위해 중앙선거관리위원회 홈페이지에 접속했다. 이번 지방선거에서 정당 소속 지역구 기초의원 출마자가 준비해야 할 서류는 다음과 같았다.

- 후보자 등록신청서
- 정당의 추천서
- 가족관계증명서
- 주민등록등본, 초본
- 사직원 접수증 또는 해임증명서(해당자에 한함)

• 등록대상재산에 관한 신고서

• 병역사항에 관한 신고서

• 세금납부, 체납증명에 관한 신고서

• 전과기록증명에 관한 제출서

• 정규학력증명에 관한 제출서

• 공직선거 후보자 등록 경력 신고서

• 인영신고서

• 기탁금 입금증

• 경력 방송 원고

• 사진

헐, 학생회장 선거에 출마할 때처럼 신청서와 추천장만 내면 되는 줄 알았다. 천만의 말씀이었다. 심지어 위에 적은 서류는 선거관리위원회에 내야 할 서류일 뿐, 정당 추천장을 받기 위해 따로 내야 할 서류도 많았다. 제아무리 출마자가 적은 정당이라도 아무나 출마시킬 수는 없는 노릇이니까. 다행히 선거관리위원회에 내야 하는 서류랑 대부분 비슷했다.

먼저 등록신청서를 작성해야 하는데, 사실 내게 껄끄러운 건 이력서다. 편의점 아르바이트부터 공인중개사, 국회의원 보좌진 경력까지. 쓰려고 하면 이력은 많지만 공직선거 후보자 등록신청서에는 대표 이력을 두 개만 적을 수 있었다.

유권자들에게 나를 알릴 수 있는 이력을 고민하다 공인중개사와 시민단체 소속이라는 걸 적었다.

다음은 신상 정보와 후보등록 자격을 증빙하는 가족관계증명서와 주민등록초본. 이런 서류는 인터넷이나 동사무소에서 즉시 발급이 가능하지만 발급을 받기까지 며칠씩이나 걸리는 서류들도 있다. 병역 사항 증빙서류와 세금 납부·체납 증명서, 전과기록을 나타내는 범죄경력 회보서가 그것이다.

평소에는 인터넷 강국인 대한민국의 위상에 맞게 증빙서류를 빠르게 받아볼 수 있지만 '공직선거 후보자 제출용'으로 신청하면 다르다. 발급 기간이 길어진다. 일반적인 서류와 다르게 국민의 알권리 차원에서 더 포괄적인 정보가 공개되기 때문에 발급 절차가 까다롭다. 그러니 증빙서류의 유효기간 인정 날짜에 맞춰 여유롭게 신청해야 한다. 후보자 등록 마감일이 다가올수록 서류 신청자도 많아 발급이 늦어지는 경우도 있다. 실제로 어떤 후보자는 등록 마감일을 하루 앞두고 발급을 받았다는 이야기를 들었다. 며칠만 늦어졌더라도 서류 미비로 몇 년 동안 준비했을 공직선거에 후보등록조차 하지 못 할 뻔했다며 진땀을 흘리는 모습을 보니 서류 미비로 후보 등록을 하지 못 한 후보자의 심정은 얼마나 심정이 억울할까? 감히 상상도 할 수 없었다.

거기서 끝이 아니다. 세금 납부, 체납내역신고서는 공직자로서 시민의 의무를 다했는지 파악하는 중요한 자료다. 후보자뿐만 아니라 후보자의 부모, 자식, 결혼을 한 후보자라면 배우자의 납부,

체납 내역까지 모두 신고해야 한다. 만약 후보자의 부모나 자식이 독립생계를 유지하고 있으면, 즉 따로 살아서 돈을 같이 쓸 일이 없으면 신고를 거부할 수 있다.

세금 납부, 체납 내역은 국가전산망에 기록되기 때문에 후보자가 따로 신경을 쓸 것은 없다. 사실 부끄러운 일이지만 나도 자동차세를 1년 넘게 체납한 적이 있었는데, 후보자 등록 과정에서는 이 사실이 나타나지 않았다. 유권자에게 공개되는 세목은 최근 5년간 종합부동산세, 재산세, 소득세의 납부, 체납 내역이어서 지방세인 자동차세는 공개 대상에 포함되지 않았기 때문이었다. 소득세도 두 달 동안 체납한 적이 있었는데, 3개월 이내의 체납 내역은 공개하지 않아도 된다는 조항이 있어 체납 이력 2회의 장석호도 체납액 '0'이 되는 마법이 일어났다.

법망을 아슬아슬하게 벗어났다는 안도감이 들면서도 느슨한 법망의 구멍만큼 유권자의 알권리는 보장받지 못 한다는 현실을 인식하게 되었다. 체납 내역 공개에 관한 내용도 법으로 규정되어 있기 때문에 국회나 대통령으로부터 발의할 수 있는데, 이 규정도 결국 선거를 통해 당선되는 이들이 만든 것이 아닌가. 국민의 알권리를 위해 체납 내역은 공개해야겠지만 10만 원 이하의 체납액이나 체납 3개월 이내 납부한 것은 좀 봐주자는 '합의'가 그들 사이에서 만들어진 것이다.

일반 시민의 경우라면 10원이라도 세금을 내지 않거나, 체납일 3개월 이내에 납부를 해도 그 내역이 기록에 남고, 기업의 경우

수주에서 불이익을 받을 수도 있다. 그럼에도 일정 수준 이하의 체납을 유권자에게 감출 수 있는 낮은 허들은 공직선거법에만 있는 특이한 규정 중 하나다. 나 역시 내 과거를 감출 수 있는 낮은 허들이 편했지만 그만큼 유권자의 알권리와는 멀어졌다.

다음은 재산 신고다. 현금, 예금, 주식, 부동산, 자동차, 심지어 보장성 보험에 납부한 돈, 리조트 회원권까지 자신이 가지고 있는 것 중 돈이 될 만한 것은 모두 신고해야 한다. 다른 정보와는 다르게 개인의 재산 내역은 신고자인 후보자가 알아서 신고해야 한다. 후보자의 모든 재산을 국가에서 면밀하게 볼 수는 없기 때문이다. 선거관리위원회에서도 신고 내역을 일일이 검증하지는 않는다. 다만, 선거 전후로 재산신고가 허위였음이 밝혀져 고발된다면 들여다볼 수 있다. 허위사실 공표로 100만 원 이상의 벌금형이 당선된다면 당선무효 형까지 선고받을 수 있으니 당연히 있는 그대로 신고해야 한다.

선거 기간이 되면 유권자의 관심을 등에 업은 언론이 후보자의 재산 내역을 보도한다. 남의 재산이 만천하에 공개되고 이를 마음대로 볼 수 있는 것은 선거기간에만 가능한 일이다. 재산 역시 세금납부, 체납 내역과 같이 후보자뿐만 아니라 후보자의 부모, 자식, 결혼을 한 후보자라면 배우자의 재산까지 모두 신고해야 한다. 만약 후보자의 부모나 자식이 독립생계를 유지하고 있으면 재산신고를 거부할 수 있다.

여기서도 부가규칙이 있었는데, 한 종류의 재산이 1천만 원이 넘지 않는 것은 신고하지 않아도 된다는 것이다. 주식통장에 있는 돈을 긁어모았더니 천만 원에 못 미친다면 주식에 대한 자산은 '0'원으로 신고할 수 있었다. 가진 재산을 어떻게든 적게 신고하고 싶은 후보자라면 재산을 적당히 배분해 축소 신고를 할 수도 있다. 일부 후보자는 돈이 많아 보이는 것이 이미지에 좋다고 생각하여 있는 돈을 모두 신고하기도 했다. 재산이 많아 어떻게든 적어 보이게 하고 싶은 후보는 독립생계를 꾸려가는 가족들에게 잠시 재산을 넘기는 경우도 있다고 한다.

나에게는 합법적 재산 축소 신고의 기회가 없었지만, 어차피 돈이 없었기 때문에 문제가 될 일도 없었다. 나는 숨길 것도 없이 3천여만 원의 재산을 신고했다.

출마를 하는 데 이렇게 필요한 서류가 많았다니… 그냥 신청서만 내면 되는 줄 알았지만 복잡한 절차 앞에 먼저 기운이 빠졌다.

그렇지만 이 모든 것이 다 공직자가 되기 위한 자격을 검증하는 과정이다. 아무에게나 공직을 위임할 수 없다는 시민의 요구가 쌓여 지금의 과정이 탄생한 것이다. 문제는 실제로 우리나라 정치인의 수준이 기준을 따라가지 못 한다는 데 있지만, 여기서는 논외로 하자.

다른 서류와 함께 예비후보자 등록 신청을 마쳤다. 예비후보자로 등록하면 법에서 정한 방법으로 선거운동을 할 수 있다. 이제는 선거를 치르는 방법을 알아야 했다. 첫 출마자들이 궁금해 하는 선거 실무는 정당 내에서 자체적으로 교육하고 있었다. 선거 실무는 나만 알고 있어야 가치가 있는 맛집의 양념과도 같다. 누구에게나 알려지면 너도나도 가게를 차려 경쟁력이 약해지기 때문이다. 어떻게든 경쟁자를 만들고 싶지 않은 정치인과 정당의 입장에서 각 정당이 오랜 기간에 걸쳐 쌓아온 선거 노하우는 폐쇄성을 유지한 채 관리되고 있었다.

나도 정당에 '출마예정자'로 등록되어 선거실무 교육을 받을 수 있었다. 내 지지자 만들기, 선거 홍보문자 보내기 좋은 때, 주민들의 기억에 남는 인사법, 선거명함 제작법, 심지어는 길에서 다짜고짜 욕을 하는 사람을 현명하게 대처하는 방법에 이르기까지 출마자의 경험이 녹아든 노하우를 배울 수 있었다. 선거판에서는 경험이 훌륭한 교과서와도 같았다.

내 주위에 계신 분들에게도 서서히 출마 소식을 알렸다. 내가 활동하고 있는 지역 시민단체 위원장님께 저녁에 술을 한잔 하자고 연락했다.

"석호 씨가 무슨 일로 나랑 같이 저녁을 먹자고 했을까?"

"저… 이번에 안양시의원으로 출마하려고요."

위원장님은 전혀 예상하지 못했다는 표정을 지었다.

"아…."

위원장님은 무슨 생각을 하셨는지 모르지만 소주를 한잔 들이켜고는 다시 입을 여셨다.

"쉽지 않은 길인데… 충분히 고민한 거지요?"

"마음의 준비는 다 마쳤습니다."

"석호 씨가 충분히 고민하고 결정했다니까 지지하겠지만 솔직한 심정으로는 좀 말리고 싶네."

이유인즉슨 젊은 나이에 선거판에서 상처받지 않을까 걱정하는 마음에서였다. 내 출마 결심을 두 팔 벌려 반겨줄 것으로 생각했지만 예상치 못한 반응에 당황스러웠다.

위원장님은 말씀을 이어 나가셨다.

"선거에 나온다는 것은 상처받을 준비까지 마쳤다는 뜻이에요. 온갖 마타도어에 공격당해도, 믿었던 사람이 배신을 해도, 소신하나로 밀고 가는 것이 정치인이 가져야 할 자세니까."

40여 년 동안 우리나라 선거 역사를 온몸으로 겪어 오셨던 위원장님께서 염려를 해 주시는 건 그만한 이유가 있었다. 출마라는 것이 주민들을 위해 봉사하겠다는 마음가짐이나 정치 경력이 있다는 이유로 쉽게 할 수 있는 일이 아니라는 것을 누구보다 잘 알고 계셨던 것이다. 선거의 민낯을 오랫동안 보아 온 위원장님은 온갖 역경이 닥쳐온다고 해도 흔들리지 않는 신념과 소신이 있어야 한다고 말씀하셨다.

며칠 뒤에는 평소 내게 많은 조언을 해 주시는 지역 교육단체 대표님을 찾아갔다.

"저… 이번에 안양시의원으로 출마하려고 합니다."

대표님은 내 말을 들으시더니 조용히 커피를 따라 주셨다.

"잘 결정하셨어요. 저도 사실 석호 씨가 이번 지방선거에 출마하면 어떨까 싶었어요. 저는 석호 씨에게 권유하고 싶었지만 사실 본인의 의지가 가장 중요하니까."

내가 제 발로 찾아들어가 의지는 확인시켜 주었으니 대표님은 바로 본론으로 들어가셨다.

"지금 안양시의회가 수준이 너무 낮아요. 부동산투기 의혹, 시의회의장 짬짜미 선거, 성추행 사건, 갑질 논란까지…. 인성이나 자질이 시민 수준을 전혀 따라가지 못 하고 있어요. 이런 시의회에 새로운 목소리로 경종을 울려야 해요. 제 생각에는 석호 씨가 거기에 제격이라고 생각해요."

내가 지금까지 알지 못 했던 사실들도 있었다. 지역 정치에 관심이 있는 나도 모르는 숨겨진 일들이 많은데, 다른 유권자들은 알 수 있었을까? 창피한 일은 어떻게든 숨기고 싶은 정치인의 치부와 관심 없는 사람들의 일은 굳이 찾아보지 않는 유권자의 무관심이 합쳐져 생긴 지역 정치의 뒷이야기를 들었다. 대표님은 시민의 상식 수준을 따라갈 수 있는 인성과 자질이 필요하다고 말씀하셨다.

내가 출마할 선거에 먼저 출마하셨던 선배님의 조언도 들었다. 선선한 저녁에 막걸리를 따라주시며 선배님이 내게 말씀하셨다.

"내가 정말 해결하고 싶은 문제가 있다면 그거 하나만 물고 늘어져도 돼요. 우리 동네 빌라 단지에 밤에 쓰레기를 무단투기하는 사람들이 있잖아요? 그 문제를 해결하고 싶으면 왜 동네 사람들이 거기에 버릴 수밖에 없는지 파악해야 해요. 아예 텐트까지 치면서 지켜보고, 필요하다면 무단투기를 하는 주민을 상대로 직접 인터뷰도 할 수 있어야 해요."

선배님은 어떤 문제라도 해결을 위해서라면 끝까지 물고 늘어질 수 있는 끈기와 고집이 필요하다고 조언했다.

출마를 결심한 나에게 필요한 것은 서류뿐만이 아니었다. 과연 나는 공직선거의 후보자가 될 자격을 가지고 있을까? 신념, 소신, 인성, 끈기는 정량적으로 검증되는 것도 아니다. 사람마다 평가의 기준도 제각각이다. 이런 것들은 나 스스로가 판단해야 했다.

정치의 길로 들어서는 속성 수업

정치인이 가져야 할 덕목은 무엇일까? 평소 내게 자주 조언을 해 주시는 선배님을 찾아갔다.

"선배님, 훌륭한 정치인이 되기 위해서는 무슨 책을 읽어야 할까요?"

족집게처럼 '정치 입문자를 위한 책 50선'을 추천해 주기를 바랐지만 돌아오는 대답은 예상을 벗어났다.

"석호 씨, 책도 중요하지만 정치를 하겠다면 현장에 먼저 나가 봐요. 정치인은 현실 감각이 뛰어나야 하는데, 책상머리에 앉아 있는 사람치고 현실 감각 뛰어난 사람 별로 없어요."

요리사가 되고 싶다고 해보자. 요리 이론도 알아야 하지만 진짜로 중요한 건 직접 해봐야 한다는 것이다. 아무리 최고의 레시피를 머릿속에 넣고 있어 봐야 그가 만든 요리도 그 맛을 낼 수 있을까? 정치도 마찬가지다. 선배님은 책 몇 권을 추천해 주시기는 했다. 하지만 더 중요한 가르침은 현장의 목소리를 대변할 줄 알아야 한다는 조언이었다. 사실 기회가 있을 때마다 하시던 말씀이었음에도 그동안 귓등으로 넘겼던 말들이다.

내가 경험해 보지 못 했던 삶의 현장에서는 어떤 목소리가 나오고 있을까? 우리 동네에서 일어나는 일은 모두 내 두 눈으로 보겠다는 마음으로 매일 동네를 돌아다녔다.

지역 시민단체 선배님의 도움을 받아 가장 먼저 찾아간 곳은 아파트단지였다. 전에는 아파트 동마다 한 분의 경비원이 근무했다는데, 인건비 상승을 이유로 3~4개 동을 한 명의 경비원이 관리한다고 했다. 물론 노동 강도가 높아진다고 해서 임금이 올라가는 것도 아니었다.

세 명 네 명이 하던 역할을 한 사람이 해야 한다면 당연히 관리의 질은 떨어질 수밖에 없는데, 같은 서비스를 원한다. 잡초를 뽑거나 경비 업무, 택배 보관, 시설하자 점검 등의 일을 로봇이 할 수 있는 현실도 아니건만 '인건비 절감'이라는 허울 좋은 명목으로 목줄을 죄는 건 결국 경비원이라는 '을'이었다. 당연히 경비원들의 업무 강도는 점점 높아진다. 현실이었다. 현실 세상 속으로 들어가지 않으면 보이지 않는 또 다른 현실.

문제는 이 모든 과정이 '적법한 절차를 밟아 진행되었다'는 것이다. 최저시급은 보장되어 있지만 업무 범위는 제대로 규정돼 있지 않아서 아파트단지에서 일어나는 대부분의 일을 경비원이 처리해야 했다. 불만이 있다면 그만두면 되지 않나? 이런 말을 쉽게 할 수 있다면 그는 완전한 '갑'이다.

'관리비 절감'이라는 주민들의 요구와 '유연한 고용'이라는 정부 정책 사이에서 실제로 아파트경비원들은 초단기 계약에 묶여 일하고 있었다. 3개월, 심지어 1개월 단위로 근로계약서를 작성하는 아파트단지도 있었다. 철저한 갑을관계의 고용생태계였다.

쉬는 것조차 편치 않았다. 지어진 지 십 수 년이 넘어가는 아파트는 경비원, 미화원들이 쉴 수 있는 공간을 만들어놓지 않았다. 이들이 쉬는 곳은 지하 공간에 방수 매트를 깔아 놓은 환경이었다. 당연히 에어컨 같은 건 없었고 천장에서는 상수도인지 하수도인지도 알 수 없는 물방울이 떨어졌다. 그분들은 습한 곳을 좋아하는 벌레들과 함께 쉬고 있었다.

생각지도 못 했다. 그분들이 이런 곳에서 휴식을 취하고 있었다는 걸. 아파트는 계단 하나하나가 깔끔하게 청소돼 있었지만 그 분들이 쉬고 있는 곳은 전혀 다른 공간이었다.

지어진 지 시간이 꽤 된 많은 아파트들이 이런 환경이었으나 이것을 개선해 달라고 말할 수 있는 창구는 거의 없었다. 충격을 받은 나는 우리 아파트의 휴게실도 확인했다. 2006년에 지어진 우리 아파트에도 미화원, 경비원 휴게 공간은 없었다. 지하 공간에 집기를 들여놓아 휴게실로 쓰고 있는 실정이었다. 그마저도 주차장 뒤에 있어서 차량이 내뿜는 매연이 휴게실 안으로 밀려들어 왔다. 그런 열악한 환경 속에서 우리 아파트 미화원분들이 휴식을 취하고 있었다는 걸 나는 처음으로 알게 되었다.

시의원에 당선되는 건 둘째 치고 먼저 당장 이분들이 오늘 마시게 될 매연부터 줄여주고 싶었다. 우리 아파트인데 내가 할 수 있는 일이 있지 않을까? 집으로 가서 알림장을 프린트 한 뒤 아무도 보지 않는 사이에 붙여놓았다.

'이곳은 미화원 휴게실 앞입니다. 전면 주차 부탁드립니다.'

어느 날 아침에 전화 한 통을 받았다.

"석호 씨, 어제 안양에서 공사를 하다 세 분이 돌아가셨는데, 알고 계세요?"

전선을 매립한 뒤 아스팔트 포장공사를 하는 과정에서 세 분이 롤러 기계에 깔려 숨진 것이다. 시내 한복판 왕복 4차선 도로에서 일어난 사고는 충격적이었다. 한순간 세 사람의 목숨을 앗아간 이 사건은 방송에도 크게 보도되었고, 여야 할 것 없이 유명 정치인들도 사고 현장과 빈소를 찾아 조문했다. 정치인들과 함께 수많은 카메라들이 왔으나 그 순간뿐이었다. 빈소를 지키고 있는 건 슬픔에 지친 유족들뿐이었다.

사건을 유심히 들여다보니 수많은 허점들이 드러났다. 작업계획서에 따르면 공사는 오후 6시 전에 끝나야 했는데, 사고가 일어난 시각은 오후 7시가 다 되어서였다. 작업시간을 어긴 것이다. 건설업계에 고질적으로 남아 있는 다단계 하청 구조에 따른 문제도 많았다. 당연히 하청업체는 공사대금이 줄다 보니 인건비를 줄이기 위해 안전 인력 배치에 소홀했다. 전기공사업법을 위반한 불법 재하도급이었다.

평소 아무렇지도 않게 지나쳤던 그 공사 현장에 큰 문제점이 도사리고 있었다는 걸 사고가 터진 뒤에야 알게 되었다. 게다가 우리 동네는 노후 도심지역이 많아 앞으로도 계속해서 공사가 진행될 텐데 언제 또 이런 죽음이 되풀이 찾아오게 될지는 아무도 모르는 일이었다.

현장 노동자들의 이야기를 들어보았다. 공사 현장에는 안전관리자가 있고 위험하면 작업 중지를 요청할 수 있는 규정이 있지만 그림의 떡이라고 한다. 작업이 중지되고 공사 기간이 길어지면 그 회사는 다음에 공사 수주를 따내기 어렵고, 결국 현장 노동자에게도 일감이 주어지지 않는다는 것이다. 위험을 감수하고서라도 공사 기간을 줄여야 하는 악순환이었다.

사고가 일어난 그 현장 공사는 몇 달간 중지되었다가 다시 시작되었다. 사고 이후에는 안전관리자가 모든 통행 방향에서 교통을 통제하고 인력도 대거 보충되었다. 사람이 죽은 뒤에야 바뀌는 현장 모습을 보면서 분노를 참을 수 없었다. 정치가 있어야 할 자리는 바로 이 자리가 아닌가 싶었다.

하루는 우리 시에 있는 초등학교 교장이 교사 화장실에 초소형 카메라를 설치해 불법 촬영을 했다는 소식을 접했다. 교장이 몰래카메라를 설치했다는 것도 믿기지 않았지만 처음 신고가 접수

되었을 때 '학생이 카메라를 설치했을 수도 있으니 경찰에 신고하지 말고 더 알아보자'고 이야기했다고 한다. 자신이 설치한 것을 감추고 변명을 하면서 '시간 끌기' 전략을 쓴 것이다.

교사 입장에서는 자기 상관이 그러한 짓을 저질렀다는 것에 큰 충격을 받았을 것이다. 불법 촬영 그 자체도 문제지만 초소형 카메라가 학교까지 들어오는 데 아무 문제가 없었다는 것도 큰 문제였다. 관할기관은 교육청이지만 지방자치단체 차원에서 이런 범죄를 예방할 수는 없을까?

지역 시민단체 대책회의에 참여해 학생과 교사의 안전을 위해 할 수 있는 일들을 논의했다.

어느 날은 한 시민이 내게 제보를 해 주셨다.

"지금 안양시의회 홈페이지에 해외연수 계획이 있는데, 이거 좀 심각한 것 같은데요?"

무슨 일인가 싶어 안양시의회 홈페이지에 들어갔다. '공무 해외연수 계획'이라는 제목의 글이 올라왔다. 방문 국가는 포르투갈인데, 목적지를 보니 온통 여행지였다. 리스본 시의회 교류 방문만 뺀다면 글 제목을 '○○여행사 패키지여행 안내'로 제목을 바꿔도 어색하지 않을 정도였다. 게다가 이때는 전염병이 퍼져 시민들이 방역 조치에 협조하고 고통을 분담하고 있는 때였다. 왜 이런 시기에 시의회가 해외 연수를 가야 할까? 곧바로 논평을 작성했다.

“시민들은 힘든 나날들을 보내고 있는데, 시의회는 꼭 이 시기에 해외연수를 가야 하겠습니까? 우리 시의 관광 정책을 배우기 위해 간다고 하는데, 휴양지와 주거 도시의 관광 정책이 같을 수 있습니까? 그리고 그걸 꼭 가서 봐야 알겠습니까? 지금은 모든 시민이 전염병 확산 방지를 위해 방역에 힘쓰고 있습니다. 이 시기에 해외에 갔다 오는 것은 위험합니다. 게다가 요즘은 웬만한 모임은 비대면으로 진행하고 있습니다. 포르투갈 리스본과 교류를 하고 싶으면 온라인으로 하십시오. 어떻게 이 시기에 외유성 해외연수 계획이 저지되지 않고 올라올 수 있었는지 조사하고 재발 방지를 해야 합니다.”

논평을 올리자마자 안양시의회에서 전화가 왔다. 해외연수는 절차상 가기 전에 계획을 먼저 올려야 한다는 규정에 따른 것이며 확정된 것은 아니라는 이야기였다. 결국 해외연수를 가기 위해 요식행위로 계획서를 올렸다는 뜻이다. 갈 생각이 없었으면 계획서를 올리지도 않았을 테니 말이다.

‘시민의 눈높이에 맞지 않는 정치가 이런 것이로구나….’

내가 작성한 논평이 뉴스에 소개가 되었고 결국 안양시의회의 공무·출장 심사 계획안은 부결되었다. 유권자의 눈높이에 맞는 정치는 제대로 견제 받을 때 이루어질 수 있다는 걸 직접 체험했다.

동네 주민으로부터도 이야기를 들었다.

“저 고등학교 뒤 산책로에 쓰레기가 많은데, 왜 그렇게 많은지 좀 알아봐 주세요."

토요일 아침에 정당 지역위원회 분들이랑 등산을 겸해서 쓰레기를 주우러 올라갔다. 그런데 2시간 코스인 등산로 중 10분 만에 쓰레기봉투가 꽉 찼다. 왜 이렇게 쓰레기가 많은가 했더니 인근에 주민들의 반대로 장기간 공사가 중단된 현장이 있는데, 관리·감독 인력이 철수하자 그곳에 주민들이 쓰레기를 무단투기하고 있었던 것이다. 피해는 고스란히 주민들이 입고 있었다. 깨끗한 동네를 만드는 것도 시의원의 관심이 있으면 충분히 가능한 일처럼 보였다.

주민자치를 위해 '주민총회'를 진행하는 동네도 있다. 하루는 주민총회에 참석을 했다. 회의가 너무나도 형식적으로 진행되고 있었다. 심지어 질문자까지 정해져 있었다. 새로운 의견이 나오는 것이 공무원의 입장에서 부담이 되니 미리 시나리오를 짜고 '주민총회'를 진행한 것이다. 공무원이 불편하더라도 주민의 자유로운 의견을 듣는 것이 더 좋은데 왜 이렇게 형식적으로 진행할까?

하루는 동네 하천을 산책하다 앞쪽에 웅성거리는 무리를 발견했다. 자전거와 자전거가 충돌을 했는데, 한 사람이 머리에 피를 흘리고 쓰러져 있었다. 그 순간에도 자전거는 쌩쌩 달리고 있었다. 내가 할 수 있는 것은 다른 행인이 신고한 구급차가 올 때까지 주위 자전거에 속도를 낮추라고 교통정리를 하는 일뿐이었다.

구급차가 오고 부상자는 들것에 실려 병원으로 이송되었다. 구급차가 떠난 뒤 다시 주위를 둘러보았다. 합류 지점에는 속도를 줄이라는 표지판도 없고 자전거 도로도 움푹 패여 있었다. 일차적 책임은 자전거 헬멧을 쓰지 않은 운전자의 잘못이지만 개인의 책임으로만 미루기에는 이 자전거 도로도 위험했다. 오로지 운전자의 판단에만 의존해야 하는 50cm 폭의 자전거도로가 그날만큼은 너무나 좁아 보였다. 모두가 떠난 자전거도로에는 지워지지 않는 핏자국만이 남아 있었다.

이 모든 일들이 출마를 결심하고 석 달 안에 일어난 일들이다. 고작 석 달 만에 이런 일들이 일어났는데, 지난 4년 동안 얼마나 많은 일들이 있었을까? 내가 보지 못한 곳에 많은 사람이 힘들게 살고 있겠지? 조금만 관심을 가졌다면 시민으로서 해결할 수 있는 일도 있었는데, 정치인들의 성역이 만들어지는 데 나의 무관심이 일조한 것은 아닐까?

정치에 꿈을 품고 있는 사람들은 세상을 바꿔보자는 원대한 포부를 가지고 출사표를 던진다. 나 역시도 살기 좋은 동네를 만들겠다는 생각으로 선거에 뛰어들었지만, 내가 가진 권력을 누구에게 줘야 할 것인지도 알지 못 하면 모든 것이 허상이었다. 정치는 세금으로 모인 한정된 재화를 누구에게 배분할 것인지의 문제이기도 하다.

어려운 사람들을 돕기 위해 정치를 하겠다는 마음만 가지고 선거에 뛰어든 나에게 지난 3개월 동안 현장에서 겪은 경험은 내가 대변하고 지켜야 할 사람이 누군지 두 눈으로 직접 확인하는 과정이었다. 다행히 선거일까지는 여섯 달 넘는 시간이 남아 있었다. 그때부터 기회가 될 때마다 현장으로 달려 나갔다.

"모든 정책의 답은 현장에 있다"는 선배의 말을 다시 곱씹어 보았다. 모든 사람은 자신이 경험한 만큼의 시야를 가진다.

나는 정치에 대한 시야와 정치인으로서 가져야 할 철학을 삶의 현장을 통해 넓혔다.

좋은 공약, 좋은 슬로건

선거판에 들어온다면 귀에 딱지가 붙도록 듣는 말이 있다. '선거는 구도, 바람, 인물 세 가지 요소로 판세가 결정된다'는 말이다. 선거에 있어서 이는 피타고라스 공식과도 같은 정설에 가깝다. 그리고 선거운동은 이 세 가지 요소를 극대화하는 것이기도 하다.

그런데 이 3요소 중에는 '공약'이 없다. 내가 사는 곳을 어떻게 변화시키고자 하는지에 대한 청사진이 포함되지 않는다니.

정치인의 공약은 왜 선거의 판세를 결정하는 3대 요소에 포함되지 않는 것일까?

잠시 우리나라 선거 역사에서 공약의 의미를 돌이켜볼 필요가 있다. 우리는 지난 시절 당선된 정치인들이 공약을 지키지 않는 모습을 숱하게 봐왔다. 심지어 '공약을 전부 다 지키면 나라 망한다'는 말까지 서슴없이 하는 정치인도 있다. 안타깝지만 사실이다. 선거운동을 하며 뱉은 약속을 다 지키면 나라 곳간이 금방 바닥날 것이다.

유권자는 실현되지 못할 공약이라는 것을 알면서도 투표한다. 정치인은 당선되고 나서 공약을 지키지 못 하는 모습에 한마디 사과도 하지 않고 넘어간다. 결국 선거가 끝나면 공약은 왜 지키지 않았냐는 정치적 공격의 수단으로 쓰이게 된다. 유권자와의 약속이자 꼭 지켜야 할 공약公約이 텅 빈 약속인 공약空約이 되는 것은 선거 때마다 반복되는 씁쓸한 광경이다.

선거만 다가오면 정치인들은 온갖 개발 공약을 선물 보따리처럼 들고 온다. 그러나 현실적으로 따져봤을 때 누가 봐도 실현 불가능해 보일 것 같은 공약도 난무한다. 유권자는 지켜지지 못 할 거라는 걸 알면서도 뽑아준다. 현실 가능한 공약만을 이야기하는 정치인이 별로 없기 때문이다.

여기서부터 유권자의 선택폭은 확 줄어든다. 여기에 실현이 어렵지만 왠지 가능해 보일 것 같은 공약까지 끼워 넣어 유권자에게 희망고문을 시켜 주기도 한다. 실현되지 못할 공약들을 남발하니 선거와 떼려야 뗄 수 없는 공약이더라도 그 신뢰도가 바닥으로 추락해버린 것이다.

약 20년 전부터 안양 도심 금싸라기 땅에 있는 안양교도소를 이전하겠다는 공약이 나왔다. 하지만 20년이 지나도 이전이 되지 않았고, 이후 '안양교도소 이전' 공약은 유권자 모두가 지키지 못

할 공약이라는 것을 알게 되었다.

양치기 소년도 두세번의 거짓말로 신뢰를 잃었는데, 우리 동네에서는 2년마다 한 번씩 치러지는 선거에 양치기 소년이 왔다갔다. 벌써 열 번도 넘게 주민들에게 공수표를 날리고 있는 셈이었다'

그렇다고 정치인의 거짓말이 싫어 투표를 안 할 수도 없다. 선거 때마다 지켜지지 못 할 약속을 하는 것이 비단 우리나라만의 문제는 아니지만 안 될 것을 알면서도 일단 내뱉고 보는 정치인은 괘씸해 보이기까지 한다.

이렇게 공약을 지키지 않는 정치인에게 책임을 물을 수는 없을까? 실제로 공약을 지키지 않는 정치인이 고소당한 사례도 있었으나 '유권자에게 배신감이나 불쾌감 등 정신적 고통이 있더라도 손해를 배상할 의무는 없다'는 판례가 있다. 돈으로 보상할 수는 없으니 남은 것은 정치적 책임이다.

그런데 어떤 공약이 나오더라도 정치인은 결국 유권자가 뽑아준다. 약속을 지키지 않은 정치인에 대해 정치적 책임을 묻자면 그를 뽑아준 유권자에게 책임을 물어야 하나? 그럴 수는 없다. 결국 공약을 지키지 않은 정치인은 다음 선거에서 투표로 심판을 받아야 하지만, 아직 우리나라에서는 대통령급 선거에서도 공약을 지키지 않았다는 이유로 정치적 심판을 내리는 풍경은 펼쳐지지 않고 있다. 결국 득표 전략만 놓고 보면 사용 가능한 예산의 범위 내에서 우선순위를 열심히 고민하고 내놓는 정치인만 바보가 되는 선거판이다.

그렇다고 아무 공약이나 내세우면 괜찮을까? 내 경험상 아무 공약이든 내세워도 당선이 되는 후보가 있고, 열심히 공부해서 공약을 내도 낙선하는 후보가 있다.

공약의 본질을 생각하며 정치인에게 실현 가능한 공약을 요구하고 당선 이후에도 이행 여부를 감시하는 매니페스토 시민운동도 있다. 이런 시민운동이 사회 전반에 널리 알려져야 한다. 정치인은 괴롭겠지만, 정치인이 괴로워야 국민이 행복하지 않을까?

공약 선거보다 이미지 선거를 하라는 조언을 많이 들었지만, 공약은 여전히 유권자에게 있어 중요한 주제다. 선거 기간에 쏟아지는 각종 여론조사에서는 지지 후보를 결정하는 데 영향을 미치는 요인으로 '정책 및 공약'이 30~40%의 비율을 차지하며 주요 순위에 오른다. 공익광고에서도 '정책을 보고 투표하세요.' 라는 문구가 몇 년째 나오고 있다.

공약은 출마자가 정치를 하는 이유를 공식적으로 밝히는 수단이기도 하다. 공약을 수립하는 방법도 여러 가지다. 선거에서 정당의 지지도에 업혀가겠다면 정당이 추구하는 가치를 넣을 수도 있다. '민주', '자유', '환경', '노동', '공정', '평화' 등 정당이 그 시기에 이야기하는 가치를 담아 정당의 색을 입는 것이다. 지역 특성에 맞는 공약을 이야기할 수도 있다. '시장 주차난 해결', '보행환경 개선' 등 동네마다 유권자가 느끼는 불편한 부분을 잘 공략하면 공중에 떠다니는 이념보다는 유권자의 표심에 더 가까이 다가갈 수 있다.

그러기 위해선 우리 동네의 문제를 파악해야 했다.

다행히 요즘 같은 디지털 시대에는 클릭 몇 번으로 우리 동네의 각종 통계를 수치화한 문서를 쉽게 찾을 수 있다. 우리 동네는 4개 동으로 선거구가 획정되어 있는데, 2개 동은 60세 이상 어르신 거주 비율이 높고 나머지 2개 동은 영유아 거주 비율이 높았다. 영유아 거주 비율이 높다는 것은 투표를 할 수 있는 유권자 중 젊은 학부모가 많다는 뜻이기도 하다. 제아무리 좋은 공약이라도 나와 관련이 적다면 쉽게 투표지에 손이 가지 않는 법이다. 어르신 공약과 학부모 공약은 꼭 넣어야 했다.

우리 동네는 안양시 내에서도 보행자 교통사고 발생 건수가 1위였다. 도로 정비가 제대로 되지 않은 노후 빌라 단지가 있었는데, 고스란히 교통사고 발생이라는 결과로 나타난 것이다. 안전한 보행 환경을 조성할 공약이 필요했다. 영유아 거주 비율 1위 동네임을 감안해 영유아의 교육과 안전한 보행 환경 조성에 대한 공약을 준비했다. 이렇듯 동네 유권자 지형을 분석해야 유권자의 관심을 끌 만한 공약을 세울 수 있었다.

동네 분석과 함께 경쟁 후보에 대한 이력을 분석하는 것도 공약을 수립하는 데 도움이 된다. 상대 후보가 정당의 강령이나 여론을 의식하고 있어 말하기 어려운 주제를 나는 말할 수 있기 때문이다. 하여 나는 얼마 전에 우리 동네 시의회에서 있었던 '외유성 해외연수 시도'에 큰 정당 모두에 책임이 있다는 것을 알고 있었으므로 '공직자 외유성 해외연수 금지'를 공약으로 내세웠다. 이 시기에 나만 말할 수 있는 공약이었다.

이렇게 동네와 경쟁 후보를 면밀히 분석해 주민들에게 이야기할 수 있는 공약의 주제가 얼추 정해졌다.

다음은 슬로건이다. 대부분의 말은 '하고 싶은 말'과 '듣고 싶은 말'로 나뉜다. 슬로건도 마찬가지다. 내가 유권자에게 하고 싶은 말을 할지, 유권자가 듣고 싶은 말을 할지 선택해야 한다. 중요한 것은 선거기간 동안 내 이름과 함께 분신처럼 따라다니는 말이기 때문에 슬로건이 후보와 잘 어우러져야 한다는 점이다. 시대가 청년의 정치 참여를 바라고 있다고 해도 나이 지긋한 어르신이 쓰면 듣는 사람의 고개를 갸우뚱하게 만드는 것처럼 슬로건은 한 번만 봐도 후보의 특징을 쉽게 나타내며 쉽게 기억할 수 있어야 한다. 기억조차 안 나는 후보를 어떻게 뽑을 수 있겠는가.

또한 후보의 슬로건이 유권자에게 잘 스며들면 스며들수록 후보에 대한 관심과 호감은 높아진다. 야당 후보면서 선거 시기에 여당에 대한 평가가 좋지 않다면 "확 바꾸겠습니다!" 라는 말도 쓸 수 있다. 유권자에게 '저 사람은 지금의 상황을 뭐라도 바꾸겠구나.' 하는 이미지를 주는 것이다.

슬로건을 통해 고도의 정치적 메시지를 전달할 수도 있다. 다른 정당 소속이지만 우리 옆 동네에 출마한 신인 시의원 후보자의 슬로건은 '언제나 시민 편'이었다. 정치인이라면 당연히 시민

편에 서야 할 것이나 이렇게 당연한 말을 슬로건으로 쓸 수 있는 이유는 기존의 정치인이 시민의 편을 들지 않았다는 것을 우회적으로 비판하고 본인은 기존의 정치인과 다르다는 뜻을 전하고자 함이었다.

물건 하나를 팔더라도 제품을 잘 설명할 수 있는 영업사원이 물건을 잘 판다. 정치인이라면 유권자에게 공약과 슬로건이라는 도구를 통해 '많은 후보 중 당신의 소중한 한 표를 굳이 나에게 줘야 하는 이유'를 이해하기 쉽게 제시해야 한다. 열심히 하겠다는 말은 나를 뽑아야 하는 이유가 되지 않는다. 그런 이야기는 누구든지 할 수 있기 때문이다. 공약과 슬로건 모두 나만 할 수 있는 이야기면 좋다. 무엇보다 그것이 유권자가 원하는 것이어야 한다.

효과적인 슬로건을 만들기 위해서는 후보의 특징(살아온 과정), 장단점, 유권자의 요구, 우리 동네의 상황 등 다양한 분야의 내용을 치열하게 분석해야 했다. 먼저 나의 특징을 알려면 내 삶을 알고 있어야 한다. 노트를 펼쳐 내 삶의 궤적을 써 내려갔다.

- 부산에서 태어났지만 2살 때 안양으로 이사 왔음.
- 중학교 전교부회장을 하고, 고등학교 때 경기도 최연소로 공인중개사 자격증을 취득함.
- 28사단 신병교육대에서 군 생활을 했으며 국회의원실에서 일했음.
- 호주에 워킹홀리데이를 다녀왔으며, 그 경험을 묶어 책으로

출판을 했음.

- 지역 시민단체에서 활동했음.
- 주택협동조합에서 청년의 주거환경 개선을 위해 일했음.

내가 내세울 수 있는 강점과 주민들의 요구 사이에서 교차점을 찾아야 했다. 그중 가장 먼저 눈길이 간 주제는 부동산이다. 선거 때마다 부동산에 대한 관심은 어디에서나 크지만, 30년이 넘은 노후주택이 많은 우리 동네는 재개발, 재건축, 주거복지에 대한 관심이 특히 많았다. 이와 연결해 '도시주택 전문가'라는 슬로건을 생각했지만, 아무래도 '전문가'라는 타이틀이 28세 청년과는 어울리지는 않아 보였다. 당원님들께 의견을 물었다.

"일단 전문가라고 하면 다들 그렇게 인식하게 돼요."

"그래도 어린 사람이 무슨 경력이 있기에 전문가라고 하냐고 할 수도 있어요."

한 단어를 놓고도 이렇게 접근 방식이 다르다. 그러나 일단은 브레인스토밍이 우선이다.

- 도시주택 전문가
- 안양의 아들
- 똘똘한 정치, 단단한 청년
- 안양시, 확 바꾸겠습니다
- 이번에는 장석호

• 정치교체 대표선수

• 안양시의회, 새로운 기준

생각나는 대로 슬로건 후보를 적어 내려갔다. 이 중에서 나를 잘 표현할 수 있으면서 주민의 요구와도 잘 맞는 말이 무엇이 있을까? 10년 동안 우리 동네에 제3당 정치인 출신 의원은 없었고, 큰 정당으로만 구성된 시의회에 제대로 된 견제 세력이 필요하다는 점을 부각시키기 위해 '정치교체 대표선수'라는 슬로건을 확정했다.

후보로 올라왔던 슬로건도 직관적이고 좋은 말들이라 선거운동을 할 때 같이 써봤다. 그러나 당장 오늘 하루하루를 힘들게 보내는 유권자는 대표 슬로건조차 잘 기억하지 못 한다. 자연스레 대표 슬로건만 쓰게 되었다.

공약과 슬로건을 수립하고 자신의 생각을 얹어 A4 용지 한 페이지에 정리한다면 그것이 바로 '출마의 변'이 된다.

"말이 아닌 마음으로 정치하겠습니다."
"왜 젊은 나이에 정치에 뛰어들었냐?"는 질문을 자주 들었습니다.
젊고 신선한 모습을 좋게 봐주셔서 기쁘면서도
동네 일꾼으로 뽑아도 될 정도로 경험은 많은지
걱정하시는 모습을 읽었습니다.

당선만 되면 동네에는 나타나지도 않는 정치인,
정치 이해관계 앞에 주민의 이야기는 뒷전으로 밀려나
불신으로 얼룩진 안양시의회에 상처 입은 마음을 읽었습니다.
젊은 사람이 제대로 바꿀 수 있습니다.
기존 정치 문법을 따르지 않고 새로운 규칙으로 일했습니다.
삶에 스며드는 정책으로 외롭지 않은 마을을 만들겠습니다.
새로운 시대, 새로운 정치로 미래와 공존하는 도시를 만들겠습니다.
젊지만 경험 많은 장석호, 다 똑같은 정치인들 사이에서
말이 아닌 마음으로 정치하겠습니다.
정치교체 대표선수 장석호에게
일할 기회를 주십시오!

다른 후보들이 내놓은 개발 공약에 비하면 어딘가 초라한 구석이 있지만 아무렴 어떤가. 구체적인 공약보다는 내가 전하고픈 진심을 담아 썼다. "저는 기존 정치인과 다릅니다. 새로운 사람을 뽑아주세요!" 라는 말이 잘 전해지기를 바랐다.

선거는 돈 전쟁

아무리 좋은 공약이라도 나만 알고 있어서는 아무 소용이 없다. 동네방네 널리 알려야 한다. 그런데, 후보가 일일이 동네를 돌아다닐 수는 없다. 수만~수십만 명이 넘는 유권자를 언제 다 만날 것인가?

후보자는 짧은 선거운동 기간에 최대한 많은 유권자에게 자신을 효율적으로 알려야 한다. 그러기 위해서는 돈이 필요하다. 명함을 나눠주기 위해서도 명함 인쇄비용이 들고, 현수막을 걸더라도 제작, 게시 비용이 필요하다. 하다못해 선거운동을 하는 동안 밥도 먹어야 하지 않나.

표를 얻기 위해서는 나를 알려야 하고 나를 알리는 모든 과정에 돈을 써야 한다. 선거는 표와 돈으로 이루어진다는 게 괜히 있는 이야기가 아니었다.

선거에서 공약과 슬로건만큼 중요한 것은 예산 계획을 잘 수립하는 것이다. 공직선거법에서는 후보를 홍보하는 방법과 홍보하는 데 쓸 수 있는 액수를 규제하고 있다. 돈을 많이 가진 후보든, 적게 가진 후보든 홍보 기회를 최대한 공평하게 보장해 주기 위해서다. 이를 선거비용제한액이라고 한다. 금액은 다르지만 대통령선거, 국회의원선거, 지방선거에 예외 없이 규정되어 있다.

가령 20대 대통령 선거를 할 때는 후보당 선거비용으로 513억 9백만 원을 넘게 지출하면 안 된다. 21대 국회의원 선거를 할 때 선거비용제한액은 후보자당 평균 1억 8천만 원 선이었다.

지방선거는 시장, 도지사, 광역의원, 기초의원별로 선거구가 다르기에 산정되는 액수가 다르다. 선거비용제한액은 지역 선거관리위원회에 고시된다. 금액 산정기준은 대체로 선거구 내 인구수에 일정 금액을 곱한 뒤 물가상승률을 감안해 산정된다.

선거를 위해 지출한 비용은 득표율에 따라 보전을 받을 수 있다. 우리 헌법 116조 2항에 '선거에 관한 경비는 법률에 정하는 경우를 제외하고 정당 또는 후보자에게 부담시킬 수 없다'는 규정으로 인해 만들어진 공직선거법 제122조의 2항 (선거비용의 보전 등) 덕분이다. 출마를 한 사람이 10% 이상을 득표하면 지출한 선거비용의 절반을 돌려주고 15% 이상을 득표하면 지출한 선거비용의 전부를 돌려준다. 정치적으로 유능하지만, 돈이 없어서 선거를 치를 수 없는 사람에게 출마할 기회를 제공하고, 후보자 간 선거운동의 기회를 균등하게 보장하기 위함을 목적으로 한다.

그렇다면 선거에서 10%도 득표하지 못한 사람은 어떻게 될까? 보전 대상에서 제외된다. 지출한 선거비용 전액을 돌려받지 못한다. 한마디로 '국물도 반찬'도 없다.

이쯤에서 궁금한 점이 생긴다. 선거비용 보전 득표율 기준은 왜 하필 10%일까? 10% 미만으로 득표했다면 당선도 안 된 사람일 텐데 보전까지 못 받는 것은 너무한 것 아니냐며 2010년 헌법재판소에서 위헌 여부가 다루어진 적이 있으나 결과는 7:2로 합헌 판정이 내려졌다. '모든 후보자가 지출한 선거비용을 나라에서 부담한다면 너도나도 선거에 나오기 때문에 선거 질서를 저해하고 국가재정에 부담이 된다. 또한 10% 이상을 득표하지 못한 사람은 당선 가능성도 거의 없고, 2008년에 치러진 18대 총선에서는 출마자 중 50%에 달하는 후보자들이 선거비용을 보전받았기 때문에 10%라는 기준이 높다고 볼 수는 없다'고 한 것이다.

반대의견도 있었다. '소수정당이나 무소속 후보자들은 선거에 출마하는 것을 주저하게 되어 민주정치 발전에 위배된다'는 이유다. 한마디로 선거비용 반환 기준이 높으면 큰 집 사람들끼리만 선거를 하게 된다는 것이다.

우리가 살아가는 모든 삶의 기반은 '제도'에서 비롯된다. 일부 서구권 국가의 사례를 보면 5%를 득표해도 선거비용의 절반을 보전하고, 심지어 2%만 득표해도 보전 받을 수 있는 나라도 있다. 그 나라에서는 낮은 선거비용 반환의 허들만큼 다양한 정당의 출마자가 나올 수 있었다.

우리나라의 선거비용 보전에 관한 역사를 보면 1967년까지는 선거에 나오는 후보자가 모든 비용을 부담했고, 2000년까지는 국가나 지방자치단체에서 일부 부담했었다. 2004년까지는 20% 이상 득표한 사람에게 선거비용 일부를 부담했다. 지금의 선거비용 보전규정과 득표기준은 2004년에 정해져서 지금까지 이어져 오고 있다.

20년이 지난 지금은 이전과는 비교할 수 없을 정도로 사회 구성원이 다양해졌다. 다양한 계층의 의견을 반영하는 출마자가 많아지도록 선거비용 보전기준이 낮았으면 좋겠다는 아쉬움이 남지만 그건 앞으로 얻어내기 위해 노력해야 할 일이지 지금 당장 실현할 수 있는 것은 아니다.

이번에 내가 출마한 시의원 선거에서 정해진 선거비용제한액은 약 4,700만 원이었다. 지난 지방선거에 출마한 다른 후보자는 어떤 항목에 어떤 예산을 지출했는지 알아보기 위해 선거 예산서를 받았다.

선거사무	기탁금	2,000,000
	사무실	2,700,000
	식대 및 사무실 운영비	4,000,000
	선거 사무장 급여	8,500,000
	선거운동원 급여	6,000,000
선거 홍보	선거유세 차량	6,600,000
	홍보물	6,000,000
	포스터, 현수막	2,700,000
	선거용품	1,000,000
	기타 홍보물	1,200,000
총 합계		40,700,000

계산기를 두드리지 않아도 재빠른 내 눈은 내 전 재산인 3천만 원을 털어도 당선은커녕 선거 자체를 치르는 것조차 무리임을 직감했다. 남들 다 하는 선거유세 차량이나 선거운동원을 빼도 전 재산에 달하는 금액을 쏟아부어야 했다.

어떻게 선거를 치렀느냐에 따라 달라지지만 약 2,500만 원에서 선거비용제한액인 4,700만 원까지 꽉 채운 다양한 선거예산서가 있었다. 4,700만 원을 지출한 후보자는 당선 여부를 떠나 15% 이상의 득표율을 얻을 자신감이 있는 큰 정당의 후보가 대부분이었고, 2,500만 원을 지출한 사람은 10%도 득표하기 어려울 것으로 판단한 작은 정당 소속 후보가 대부분이었다.

2,500만 원을 지출한 예산서를 보니 졸라맬 수 있는 허리띠는

있는 대로 꽉 조였다는 게 보였다. 식비 지출 내역을 보니 도시락까지 싸 들고 다닌 모양이었다.

이젠 내 차례다. 10% 득표가 어렵다면 내 전 재산을 쏟아도 선거를 치르기에는 부족했고, 10% 득표를 넘길 자신이 있다면 조금 더 과감한 재정 지출을 시도할 수 있다. 물론 투표 결과는 아무도 모르기에 과감한 재정지출은 그만큼의 위험을 부담해야 했다. 10%의 득표를 넘기지 못하면 고스란히 내 빚으로 돌아오기 때문이다.

선거 예산서를 보며 놀러 다니느라 흥청망청 돈을 쓴 과거의 내가 미웠다. 전 재산을 쓰더라도 당선이 아닌 선거 자체를 치를 수 없다는 생각에 돈 없는 자의 서러움을 느꼈지만, 이마저도 나에게는 차이를 줄여주는 장치였다. 재산 규모로 보면 나와 수십 배, 수백 배 차이 나는 후보들도 있는데 선거에서는 고작 천 몇 백만 원 차이로 선거운동을 할 수 있기 때문이다.

공직선거법은 돈 없는 후보자를 배려해 줬지만, 감사를 표하기엔 내 통장 속 잔액은 부끄러울 정도로 초라했다. 돈 대신 열정을 갈아 넣고 싶어도 선거예산서를 들여다 보니 대부분 선거를 위해 꼭 필요한 항목이었다. 다른 후보는 사람과 차로 동네를 휘젓고 다니는데, 나 혼자 눈에 띄지 않으면 유권자의 관심에서도 멀어지기 마련이다. 돈을 아끼며 선거운동을 하겠다는 것은 당선될 생각이 없다는 뜻과도 같았다.

긴축재정 정책을 펼친다고 해도 지금의 상황을 해결할 수 있지 않았다. 내 재산을 전부 쏟아 넣을 것이 아니라면 선거자금 모금이 절실했다. 치밀한 예산 계획을 세우기에 앞서 자금을 충당할 방법을 생각했다. 출판기념회, 후원회 설립, 대출, 정당 지원금 등의 방법이 있다.

출판기념회

서점 정치 코너에 있는 정치인의 자서전 대부분은 출판기념회를 위해 출간된 책이라고 보아도 된다. 출판기념회는 현직이든 예비후보든 정치인에게 가져다 주는 이득이 많다. 정치자금 모금과 함께 우리 동네에 내가 출마했다는 홍보의 수단으로 활용할 수 있기 때문이다. 출판기념회에는 동네 유지부터 언론인, 사회단체장까지 동네에 입소문을 널리 퍼트릴 수 있는 사람들이 많이 참석한다.

시중에 출판되는 책의 평균 가격이 15,000원 정도인데, 이 안에는 원고와 제본 비용, 홍보비용 등이 녹아들어 있다. 원고는 후보자가 살아온 이야기를 담고 출간 비용을 잘 조절하면 저렴하게 책을 출판할 수 있다. 시중 가격과 동일한 책을 저렴한 단가로 제작하는 등 출간 계획을 잘 세워 자금을 모으는 방법이다. 책을 사줄 사람만 있다면 출판기념회는 안 하는 것이 손해라는 말이 정치판에 떠도는 오래된 명언이기도 하다.

공직선거법에서는 평생 가본 적도 없는 사람이 태반인 출판기념회를 선거일로부터 90일 이전부터 개최하는 것을 제한하고 있다. 그만큼 출판기념회가 정치적으로 많이 개최된다는 뜻이다. 단, 책을 만들어놓고 사 주는 사람이 없다면 그 재고는 고스란히 내가 떠안아야 한다. 그 때문에 선출 단위가 큰 국회의원, 시장, 도지사 등이 출판기념회를 개최한다.

자금을 모으기 위한 수단 외에 다른 장점도 있다. 책을 내면 자연스레 내가 살아온 이야기를 담을 수 있는데, 후보자가 살아온 이야기와 생각을 기록하고 알리는 것은 그 자체로 후보자가 정치를 하는 이유로 설명할 수 있다. 그렇다고 너무 진심을 담아 책을 집필하는 데 시간을 쓰는 것도 비효율적이다. 일반적으로 출판기념회에서 팔리는 책은 사람들이 주의 깊게 보지는 않기 때문이다.

평소에 출판기념회를 하면 아무도 오지 않겠지만, 후보자 신분에서 하면 많은 사람이 찾아올 테니 그분들에게 책을 팔고 얻은 자금을 선거에 쓰기 위해 개최한다. 그만큼 출판기념회가 후보자의 출마를 지역사회에 알리고, 세를 과시하고, 자금을 충당하는 데 의미가 크다는 뜻이다.

중요한 것은 출판기념회를 통한 자금 모금이 정치자금법상 정치자금을 모금하는 것은 아니라는 점이다. 책을 팔아 얻은 수입은 정치자금법상 제한을 받지는 않기에 수입액을 선거관리위원회에 신고할 필요는 없지만 지역 선거관리위원회에서는 출판기념회 일정을 어떻게든 알아내서 현장에 방문한다. 정치자금법 외에도 선거법 위반의 소지가 없는지 직접 확인하기 위해서다.

먼저 출판기념회를 통해서 선거운동을 할 수 없다. 또한 책에 내가 살아온 이야기가 아니라 공약을 적어내는 것은 사전선거운동이 될 수 있기 때문에 불가능하다. 선거구민에게 음식물을 무료로 나눠줘서도 안 되고 유권자에게 책을 공짜로 주거나 싸게 주는 것도 기부행위로 본다. 여러모로 신경 써야 할 것이 많기 때문에 대부분 출판기념회를 전문으로 하는 출판사와 협업해서 진행한다.

후원회 설립

선거에 출마한 후보자는 자신의 정치적 비전을 이야기하고 정치자금을 모금할 수 있다. 일종의 투자자금 유치다. '투자'라고 했지만, 우리가 아는 수익률이 보장되거나 원금을 돌려주는 개념의 투자는 아니다. 혹은 크라우드 펀딩처럼 후원 금액에 따라 물건을 나눠주는 것은 공직선거법 위반이 될 수도 있다. 후보자가 해줄 수 있는 것은 후원 영수증 발급과 함께 진심을 담은 감사의 인사뿐이다. 순수하게 내가 가지고 있는 가치를 실현하기 위해 정치자금을 모으는 것만 후원회를 통해 할 수 있다.

선거가 다가오면 지인들이 도움을 주고 싶다며 현금을 준다거나 계좌로 돈을 보내준다고 한다. 그러나 개인이 후원회를 통하지 않고 후보자가 되려는 사람에게 정치자금을 직접 기부하는 행위는 공직선거법 위반행위다. 한 푼이 아쉬운 후보사 입장에서 후보 주위에 마음 써 줄 사람이 있다면 후원회를 꼭 설립하는 것이 좋다.

이전에는 국회의원, 시장, 도지사 등 선출 단위가 큰 선거의 후보자만 후원회 설립이 가능했으나 2022년부터 지방선거에 출마하는 기초의원과 광역의원 후보자도 후원회를 설립할 수 있게 되었다. 후원회는 현실적인 여건으로 출판기념회를 하지 못해 동네에 출마 사실을 알리기 어려운 기초의원, 광역의원, 국회의원 중 정치 신인인 후보자에게 후원회 가입신청서나 모금홍보 포스터를 만들어 단체 채팅방에 올리거나 문자를 발송해 자신이 출마했다는 사실을 간접적으로 알릴 수도 있기 때문이다.

나도 부족한 정치자금을 모으기 위해 후원회를 설립했다. 과정은 생각보다 복잡하지 않았다. 선거관리위원회에 후원회 설립을 신고하면 단체등록증을 발급받을 수 있다. 그 단체등록증을 가지고 세무서에 가면 통장 설립을 위한 등록증을 받고, 그 등록증을 바탕으로 은행에서 통장을 새로 만든 뒤 선거관리위원회에 다시 신고하면 된다. '안양시의회의원 예비후보자 장석호 후원회' 명의 통장과 단체등록증도 선거에 출마한 기념으로 챙길 수 있었다.

대출

금융기관에서 신용대출을 받을 수 있다. 이자가 부담되면 더 싼 이자로 지인에게 돈을 빌리는 경우도 있다. 방식이 어떻든 선거가 끝난 뒤 갚아야 할 돈이다. 낙선되더라도 15% 이상의 득표율을 받을 자신이 있는 후보들은 대출을 받기도 한다.

정당 지원금

각 정당에서 출마자에게 지원금을 지급하기도 한다. 정당마다 기준은 다르지만 여성, 장애인, 청년 등 정치적 자산을 쌓기 어려운 후보자에게 공천 시 가산점을 부여하거나 출마 시 선거지원금을 지급한다. 젊음이 인생의 가장 큰 무기라고 생각한 나도 돈 많은 사람이 유리한 선거판에서는 약자였다. 나는 청년 후보자로서 일정 금액의 정당 지원금을 받을 수 있었다.

이 외에도 선거사무소 개소식도 자금을 모으기 위한 좋은 기회로 활용할 수 있다. 선거사무소에 후원회 안내장이나 후원회 가입신청서를 비치해 자연스럽게 후보자 후원을 유도할 수 있다. 선거사무소 개소식 역시 출판기념회처럼 나를 지지해 주는 사람이 많다는 것을 알리는 세력 과시도 할 수 있기 때문에 하지 않으면 손해다. 개소식에 사람이 많이 참석했다면, 자연스레 "그 후보 지지자가 많던데~" 라는 입소문이 동네에 퍼진다. 선거사무소 개소식 역시 정치적으로 활용될 수 있는 소지가 다분해 원칙적으로 공직선거법상 1회로 제한하며, 선거관리위원회에서 어떻게든 일정을 파악하고 참여한다.

이렇듯 돈 문제에 있어서 공직선거법은 아주 엄격하다. 후보자나 선거 참모의 입장에서는 선거운동을 하기도 바쁜데, 숫자와 싸우느라 시간을 낭비한다고 생각할 수 있지만 이 모든 규정이 공정한 선거를 바랐던 시민의 요구와 그 결과이기도 하다.

자금 마련과 더불어 선거예산 집행계획도 꼼꼼하게 세워야 한다. 선거 기간이 다가올수록 선거용품의 가격은 철저한 수요공급의 법칙 속에서 '부르는 게 값'인 때가 온다. 비싸다고 선거용품을 안 살 수도 없다. 돈 쓰는 재미로 선거하는 것이 아니라면 철저한 예산 집행계획은 필수다. 공천을 일찍 받거나 출마를 빠르게 확정한 후보는 선거예산 집행계획을 일찍 세우고 선거용품 거래처를 미리 알아볼 수 있다.

선거사무실, 유세차, 현수막, 선거운동원 급여 같은 정량적인 부분부터 계획을 세우고 잡비나 소모품 비용을 계산해 이번 선거운동 비용으로 얼마를 쓸 것인지 미리 파악해야 한다. 계획에 없던 지출도 갑자기 생기기 마련이므로 감당할 수 있는 수준의 예비비를 마련하는 것도 필요하다.

혼자 할 수 있는 선거는 없다

길지 않은 인생을 살아왔지만, 나는 그동안 닥쳐왔던 역경을 혼자서 잘 헤쳐 왔다. 고등학교 학비를 아르바이트로 벌었던 경험이 있고, 비행기 값을 제외하면 단돈 50만 원만 들고 낯선 호주까지 날아가 맨땅에 헤딩하며 호주 대륙을 일주했던 경험도 있다. 이후 국회에서 일하기까지 '혼자서도 잘해요' 정신으로 살아왔다.

이번 선거도 혼자서 치를 계획이었다. 국회의원 선거 참모까지 경험한 나였기에 현수막, 홍보물, 선거운동, 보도자료 작성 등 선거실무 역량도 충분하다고 생각했다. 내가 더 고생을 하더라도 알뜰살뜰한 선거를 치르겠다는 각오였다. 선거예산 계획을 세울 때 남들 다 모시고 오는 선거 사무장과 선거운동원 급여는 책정하지 않았다.

처음에는 선거를 혼자 치르겠다고 했을 때 모두들 만류했다.

"말처럼 쉽지 않다." "얼른 참모를 구해라." 라는 조언에도 걱정하지 말라며 자신 있게 이야기했다.

그러나 이런 자신감은 일주일도 가지 않았다.

"석호 씨, 오늘 ○○단체 총회가 있는데, 와서 인사하면 좋을 것 같은데."

"후보자님, 선거관리위원회입니다. 서류를 제출하셔야 하니 내일까지 방문해 주세요."

"후보자님~ 여기 ○○광고입니다. 명함 다 만들어졌으니 가지러 와 주세요."

유권자를 만나기도 전에 나를 찾는 곳이 많았다. 오전에는 선거관리위원회에 방문해서 서류를 제출하고, 오후에는 광고업체에 방문해서 선거홍보물 디자인을 논의하고 저녁에는 공약의 타당성을 검토하기 위해 자료를 분석했다.

선거가 다가올수록 도움의 손길이 필요했다. 제아무리 실무 역량이 뛰어난 후보라도 실무에 매달릴수록 가장 중요한 유권자와의 만남은 뒤로 늦춰졌다. 후보가 가장 빛날 수 있는 선거운동은 팽개치고 컴퓨터 앞에 앉아 있다니…. 시간을 되돌려 선거계획을 처음 세울 때 "혼자서도 잘해요!"를 외쳤던 나에게 꿀밤을 때리고 싶었다. 게다가 아직 선거기간은 한참 남았다. 선거가 다가올수록 실무는 더 많아질 것이 뻔했다. 상대 후보는 유능한 참모를 모셔와 선거본부를 차렸다는 말을 들으면 더 초조해졌다. 상대 후보와 경쟁하고 거기서 한 발짝이라도 앞서 나가야 이기는 것이 선거인만큼 하나라도 더 나은 모습을 보여줘야 하는 입장에서 선거는 절대 혼자 할 수 있는 일이 아니었다. 돈을 더 쓰더라도 도움의 손길을 요청해야 했다. 선거 전략에 따라 다르지만 일반적으로 선거를 위해 필요한 참모는 다음과 같다.

선거 사무장

나를 대신해 선거 업무를 수행할 수 있다. 선거관리위원회에도 후보자의 이름으로 신고할 수 있는 서류를 선거 사무장이 대신 신고할 수 있다. 때문에 선거 전반에 대한 내용을 후보자가 아는 만큼 공유해야 한다.

선거운동을 하다 보면 힘든 일도 많다. '그냥 편하게 살면 될 걸 왜 굳이 이 욕을 먹어가면서 할까?' 하는 자괴감이 들 때, 힘들고 서럽고 외로울 때 언제든지 기댈 수 있는 사람, 선거기간 동안 항상 후보와 소통하고 일을 처리할 수 있는 후보의 '분신' 역할을 하는 사람이 선거 사무장이다.

회계 책임자

선거는 돈 전쟁이라는 말은 앞에서도 한 적이 있다. 선거비용은 많이 가지고 있는 것도 중요하지만 목적에 맞게 잘 쓰고 기록하는 것도 중요하다. 선거를 하는 데 쓰이는 모든 돈은 사용처에 맞게 기록해야 하기 때문이다. 회계 책임자는 선거 사무장과 같이 후보와 운명공동체로 봐도 된다. 선거와 관련해 회계 책임자나 선거 사무장이 일정 금액 이상의 벌금형을 선고받으면 후보의 당선이 취소될 수도 있기 때문이다. 그만큼 믿을 수 있고 역량이 검증된 사람이 필요하지만 선거 회계는 일반 사무회계 경험자도 사용처를 알맞게 분류하는 것이 복잡할 정도로 난이도 있는 업무다. 선거 회계를 해본 사람이 가장 적합하지만 모시고 오는 것이 쉽지 않다.

조직 담당

지역 조직이나 주민단체와 관계를 맺고 있는 사람이 필요하다. 동네에는 한 명의 후보가 다 파악할 수 없을 만큼 많은 단체가 있고 행사가 열리는데, 이 정보를 후보가 전부 파악할 수 없다. 조직 담당 참모가 주민들이 모이는 행사 일정을 파악한 뒤 후보에게 전하면, 후보는 행사장에 가서 인사를 드리면 된다. 조직 담당 참모는 지역 단체 회장이거나 지역 사람들을 많이 아는 사람일수록 좋다. 지역 정가政街 사정에 능통한 사람이면 최고지만 이런 분들은 정치색을 띠는 것을 경계하기 때문에 역시 모시고 오는 것이 어렵다.

정책 담당

선거 공약 수립과 동네 이슈를 빠르게 파악할 수 있는 정책 참모가 필요하다. 유권자가 원하는 공약들은 많지만, 선거 막바지로 갈수록 수많은 공약 중 기억에 남을 수 있는 한두 개만 꺼내 쓰기 마련이다. 너무 많은 이야기를 해서 유권자의 기억에 남지 않는 것보다 한 가지 이야기라도 제대로 해서 기억에 남게 하는 것이 더 중요하다. 정책 참모는 유권자 분포와 정치 성향을 분석해, 시대적 요구나 시급성이 있는 공약을 찾아야 하기에 지역 상황에 대해 잘 아는 사람을 섭외해야 한다.

홍보 담당

선거의 모든 과정은 나를 알리는 과정이다. 명함, 현수막, 홍보물, 선거운동 물품(모자, 어깨띠, 옷, 피켓 등)에 후보자의 기호와 이름을 크게 넣어 눈에 잘 띌 수 있게 하는 센스와 실제 인쇄까지 맡을 수 있는 능력이 있어야 한다.

수행 담당

후보를 수행할 수 있는 사람이 필요하다. 후보는 유권자와 눈을 마주치고 이야기하기도 바쁘다. 이야기도 하고 명함도 주고 이야기가 잘 돼 핸드폰 번호까지 받아내는 일을 후보가 모두 한다면 정신없고 바빠 보인다. 어느 정도 품위를 지켜야 하는 후보 입장에선 이런 일들을 해 줄 수 있는 사람이 필요하다. 작은 선거라면 선거 사무장이 수행까지 담당해 후보와 동행하는 경우가 많다.

앞에서 소개한 직책에 해당하는 참모를 모두 섭외해야 하는 것은 아니다. 후보자가 사용할 수 있는 선거예산의 범위에서 필요한 직책이 무엇인지 파악해야 하지만 일반적으로 선거 사무장과 회계 책임자는 꼭 필요하다.

다른 후보는 선거 본부를 다 꾸려가는 마당에 정신을 늦게 차린 나는 이제야 도움의 손길을 요청하기 시작했다. 다른 사람에게 손 빌리는 것을 좋아하지 않지만 도움을 받지 못 하면 유권자도 만나지 못한 채 선거가 끝날 것 같았다. 떨리는 마음으로 한 사람 한 사람에게 전화를 걸었다.

"친구야, 혹시 요즘 뭐해?"

잠시 일을 쉬고 있는 고등학교 친구에게 도움을 요청했다.

"내 선거 사무장 좀 해 줄 수 있어?"

친구는 흔쾌히 허락해 줬다. 선거 사무장이 되면 선거에 관한 총괄 업무를 보게 된다. 웬만한 선거 업무는 다 해야 해서 선거관리위원회, 광고회사, 은행 등 갈 곳이 많은데, 다행히 친구는 자동차가 있었다.

다음은 홍보 담당이다. 우리 정당 지역위원장님께 부탁을 드렸다. 위원장님은 선거홍보물 제작에 필요한 디자인 프로그램과 동영상 제작 프로그램을 쓸 줄 아셨다.

다음은 정책 참모다. 내가 나갈 선거구에 국회의원으로 출마하셨던 우리 정당 당원이신 노무사님께 연락드렸다.

"안녕하세요, 노무사님. 요즘 많이 바쁘신가요?"

우리 동네 사정을 잘 아시고 선거 경험을 바탕으로 충분한 조언을 해 주실 수 있는 분이었다. 조심스러운 목소리로 선거본부 합류에 부탁을 드렸고, 노무사님께서도 흔쾌히 허락해 주셨다.

다음은 회계 책임자다. 집에서 누워 있는 동생에게 회계 책임자 역할을 부탁했다.

"별건 아니고 통장 입출금을 관리하고 영수증 정리만 잘 해 주면 돼."

동생은 회사 일 때문에 제대로 도와주지도 못 하는 데 책임감을 느꼈는지, 흔쾌히 허락해 주었다. 평소에는 그토록 싸우기도 하지만 동생 좋다는 것은 이럴 때를 두고 하는 말인가 보다.

다음은 수행 담당이다. 정당 생활을 하며 알게 된 당원님께 수행팀장 역할을 부탁했다. 나와 나이 차가 많이 나는 어르신이었지만 흔쾌히 수락해 주셨다.

"석호 씨가 출마한다니, 젊은 사람 기를 살려 줘야지! 내가 확실히 도와줄게."

그렇게 모였다. 우리 정당 지역위원장님, 지역 부위원장님, 노무사님, 당원님, 친구, 동생까지… 내 부탁을 받고 한걸음에 달려오셨다. 우리는 스스로를 '석호 당선기획단'이라고 부르기로 했다. 수행팀장님과 선거 사무장을 제외하면 나머지 분들은 직장이 있기 때문에 항상 도와주실 수는 없었고, 주로 주말을 통해 도와주시기로 하셨다.

선거 규모가 국회의원의 3분의 1밖에 되지 않는 기초의원이었지만 선거본부를 구성하고 보니 참모의 규모는 국회의원 선거와 비슷했다. 이렇게 나를 도와주기로 한 참모는 각별한 존재가 된다. 평생 불렀던 자기 이름보다 후보의 이름을 많이 더 부르게 된다. 후보와 참모는 본선거 기간에는 가족보다 더 자주 보게 된다. 선거기간 동안은 일심동체가 되어 움직여야 한다.

선거는 혼자 할 수 없다. 후보의 자질도 중요하지만 이 자질을 빛날 수 있게 해 주는 것은 참모의 역할이다. 선거 구도와 바람은 선거 직전에도 예상치 못하게 바뀌지만, 어느 바람에도 흔들리지 않을 참모단과 선거본부를 구성해야 한다.

그러나 당선이라는 같은 목적을 바라보더라도 생각은 제각각이다. 평소에는 다양한 의견이 창의적인 방법을 제시하기도 하지만 전시 상황에 준하는 선거에서는 이야기가 달라진다. 선거는 전쟁이고 전쟁은 효율적인 의사결정과 신속한 행동이 생명이다. 후보의 생각과 참모의 생각이 당연히 다를 수 있지만 뱃사공이 많으면 배가 산으로 가는 법. 여유로운 경험을 즐기고 싶다면 한 번쯤 배를 산으로 돌려보는 것도 좋은 경험이지만 선거는 하루 쉬면 다른 후보보다 하루 뒤처지는 것이 눈에 띌 만큼 긴박한 레이스다.

모든 참모의 의견을 다 반영하려면 내 분신이 3명쯤은 있어야 했다. 때문에 의견이 갈릴 때는 내가 원하는 방향을 이야기하고 참모의 의견을 어느 정도 반영하여 절충점을 찾아야 한다.

이 과정에서 서로의 의견을 아예 무시하거나 각자의 주장만을 이어간다면 분위기가 어떻게 될지는 뻔하다. 욕심을 조금 버리면서도 빠른 의사결정을 내리는 것이 중요하다.

후보는 참모의 생각을 존중할 줄 알고 참모는 후보의 생각을 지지할 줄 알아야 한다. 만약 참모가 후보의 결정을 이해하지 못한다면 설득할 줄도 알아야 한다. 참모도 설득하지도 못 하는 후보가 어떻게 유권자를 설득할 수 있겠는가?

물론 내 이야기가 말처럼 쉽지 않다는 것을 알고 있다. 세상 모든 사람이 서로의 의견을 존중하고 배려하는 정신으로 일을 처리한다면 이 땅에서 전쟁은 진즉에 사라졌을 것이다. 실제로 선거본부 내부의 의견 차이를 좁히지 못해 제대로 선거를 치러보기도 전에 내분으로 무너지는 캠프도 있다. 거기다 낙선까지 한다면 끝없는 네 탓 공방이 이어진다. 세상을 바꿔보자고 모였던 사람들이 철천지원수가 되는 경우도 흔하다. 그럴 때일수록 '무엇이 중한지' 생각해야 한다.

나는 평소에 다른 사람의 말을 잘 들어준다는 이야기를 많이 들었다. 그것을 내 장점으로 생각해왔지만 선거기간에는 그 장점이 단점으로 바뀌기도 했다. 처음에는 회의도 길게 하고 참모들의 이야기를 하나씩 취합해 의견을 정리했지만, 다른 후보에 비해 한 발짝씩 늦는 결정이 이루어졌다.

하루는 한 시민단체 선배님께서 내 사무실에 방문하셨다.

"석호 씨, 선거 때 트럭 필요하지 않아? 혹시 쓰고 싶으면 이야기해. 내가 특별한 일 없으면 빌려줄게."

천만 원을 훌쩍 넘는 가격 때문에 진즉에 포기한 트럭이었는데, 선배님께서 먼저 빌려줄 수 있다고 한다. 이렇게 예상치 못한 도움을 받을 때가 있다. 감사함에 취해 감격의 물결에 휩쓸린다.

"너무 감사하죠! 제가 저희 참모들이랑 상의하고 말씀드리겠습니다."

그 트럭에 내 이미지를 어떻게 디자인할지 회의를 진행했다. 그리고 디자인을 확정한 뒤 선배님께 전화를 걸었다.

"선배님, 저 지난주에 이야기해 주신 트럭이요, 쓰려고 합니다!"

"아, 어떡하지? 나는 말이 없기에 내 친한 도의원 출마자가 좀 해달라고 해서… 그 쪽에 주게 되었는데."

이럴 수가, 나에게 빌려 주시기로 한 트럭이 다른 후보에게 넘어갔다. 그제야 알게 되었다. 애초 하루가 급한 선거판에서 굴러들어온 기회를 일주일 넘게 잡아두는 경우가 없었던 것을. 기회는 잡는 사람에게 주어진다는 것을.

"내가 그 도의원 후보한테도 장석호 씨한테 빌려준다고 했는데, 그 사람이 워낙에 적극적으로 요청을 해서… 또 나랑 같은 아파트 살기도 하고…. 내가 석호 씨한테 뭐라고 이야기해야 할지 모르겠네. 미안하게 됐어."

그러나 선배님께서 미안해 하실 이유가 없었다. 도와준다고 하는 손길은 그 자리에서 잡아야 하는데, 나를 확실히 도와줄 것이라는 생각으로 여유롭게 미루다가 기회를 놓친 내 잘못이었다.

"아닙니다. 선배님께서 마음 쓰실 필요 없습니다. 제가 빨리 잡지 못한 탓이죠."

선거 때가 되면 하루하루가 급해진다. 예상치 못한 도움의 손길이 갑자기 찾아오기도 하고 빠르게 결정을 해야 할 순간이 찾아온다. 조금만 지체하면 기회는 금방 떠나간다. 굴러들어온 기회를 놓친 내가 원망스러웠다. 경험이라고 하기엔 뼈가 시릴 정도로 아쉬웠다.

기회는 다가왔을 때 잡아야 한다. 이를 가장 잘 아는 것은 후보다. 가장 절박한 마음이기 때문이다. 누구보다 절박한 마음을 품은 후보로 나서다 보니 선거판에서는 모두의 의견을 들어야 하는 경우보다 신속하게 의사결정을 한 후 동료들과 공유해야 할 사안이 더 많다는 것을 느꼈다. 이후에는 회의도, 결정도 용건만 간단히 하게 되었다.

후회해 봤자 늦었다. 애초 얻을 것이라고 생각하지도 못 했던 것이니 빠르게 포기하고 잊었다. 그런데 이튿날, 선배님으로부터 다시 연락이 왔다.

"석호 씨, 그 도의원 후보자가 트럭을 못 쓰게 되었다고 하네? 한 후보당 트럭은 한 대만 쓸 수 있다나 봐. 내가 선거법을 모르니까 석호 씨도 그런지 모르겠네? 한 번 알아봐서 쓸 수 있으면 석호 씨가 써도 될 것 같아."

알고 보니 도의원 후보가 이미 트럭을 한 대 소유하고 있었는데, 공개장소 연설 대담용 트럭이 한 대밖에 등록이 안 된다는 것을 모른 채 일단 트럭을 쓰겠다고 이야기한 것이다. 다시 굴러들어온 기회. 이제는 놓칠 수 없다. 선배님의 입이 닫히기도 전에 잽싸게 이야기했다.

"대표님! 그 트럭, 제가 쓰겠습니다!"

점심을 코로 들어가는지 입으로 들어가는지 모를 정도로 해치우고 바로 선거차량 등록신청서를 들고 선거관리사무위원회로 출발했다. 선거용 차량 등록을 하는 데 성공했다.

선거는 홍보 전쟁

'광고가 저지를 수 있는 최대의 죄악은 눈에 안 띄는 것이다.'

카피라이터 존 케이플즈John caples가 남긴 말이다.

선거에 출마한 후보자도 광고 상품과 마찬가지다. 아무리 좋은 상품(후보)이 있더라도 알리지 않으면 소비자(유권자)는 알지 못 한다. 관심 없던 물건도 자세히 알게 되면 사고 싶은 마음이 생기기 마련이다. 후보도 마찬가지다. 나를 모르던 유권자도 내 모습을 알게 되면 표를 줄 수 있다. 후보는 선거기간 동안 광고 상품이 되었다는 생각으로 내 이름 석 자와 기호를 세 살 어린아이부터 백 살 드신 어르신까지 모두 알게 해야 한다.

공약과 슬로건, 정치자금 계획까지 세웠다면, 후보를 제대로 알리는 계획이 남았다. 선거는 홍보에서 시작해 홍보로 끝난다. 나는 다른 후보들에 비해 인지도가 약했던 만큼 한 발 더 빠르고 체계적인 홍보 전략이 필요했다.

그러나 혼자 생각해봐야 걱정만 늘 뿐 답은 나오지 않는다. 선거를 경험해 본 선배님들의 조언과 도움이 필요했다. 그렇게 '석호 당선기획단'이 다시 모였다. 지역위원장님이 나에게 물었다.

"먼저 사진부터 있어야 해요. 사진 찍어놓은 것 있어요?"

휴대폰 사진첩을 뒤적거려 사진을 꺼냈다. '호주 워홀'을 가서 찍었던 사진, 공원 꽃길에서 찍은 사진 등 마음에 든다고 생각되는 사진은 모두 추렸다. 그 모습을 지켜본 지역위원장님이 말씀하셨다.

"아니, 이런 사진 말고요. 프로필 사진이요."

꽃길에서, 바다에서 찍은 사진은 아무 소용이 없었다. 후보자가 되면 유권자에게 정치인으로 어필할 사진이 필요했다. 어떤 사람은 선거운동의 절반은 사진이라는 말도 한다. 현장에서 만날 수 있는 유권자는 전체의 10%를 넘기 힘들다. 나머지 90%의 유권자는 내 사진, 이미지를 보고 나와 소통하고 판단한다.

SNS에 올리기 위한 사진이 아닌 정치인 장석호의 사진이 필요했다.

정치인의 사진은 우리가 마음에 든다고 생각하는 사진과는 기준이 다르다. 눈길을 끄는 동시에 신뢰감을 줘야 한다. 한껏 분위기를 잡은 화보 같은 사진을 보여 주더라도 기억에 남지 않으면 꽝이다. 유권자에게 내가 이만큼 멋지다는 것을 증명하는 것이 아닌, 선거일에 기표소 안에서 내 이름에 표시를 남기도록 유도 하는 것이 목적이기 때문이다.

예시를 보기 위해 정치인의 사진을 찾아보기 시작했다. 당선된 후보자의 이름만 검색해도 잘 나온 정치인 사진의 기준을 세울 수 있었다.

이마가 보이게 할 것

머리칼로 이마를 덮으면 무언가 숨기고 있다는 인상을 줄 수 있다. 정치인의 무기인 신뢰감을 스스로 덮는 꼴이다. 여성 정치인들도 대부분 이마를 덮지 않고 가르마를 만들어 사진을 찍고 있었다.

이가 보이는 미소

마찬가지로 입을 다물면 무언가를 숨기는 이미지를 준다. 이를 드러내는 출마자의 사진을 보다 보면 사진 속 후보와 웃으며 대화하는 느낌도 받을 수 있다. 웃는 얼굴이 비호감으로 인식될 확률은 거의 없다.

선거 기간이 되면 후보들의 사진이 선거 벽보로 붙는데, 혼자 무표정한 얼굴이라면 당연히 좋은 인상을 주기는 어렵다.

피부 보정은 되도록 자제하고, 복장은 정장이 무난

비현실적인 이미지보다 친숙한 이미지가 좋다. 선거는 비님 미녀 콘테스트가 아니다. 일을 잘할 것 같은 신뢰를 심어주는 사람을 뽑는 날이다.

피부나 표정을 보정하더라도 기본적인 호감도나 신뢰도를 드러내는 모습만 보이면 된다. 과도한 보정을 자제해야 하는 건 현실감을 떨어트려 역효과를 불러일으킬 수도 있기 때문이다.

복장은 깔끔한 이미지를 줄 수 있는 정장이 제격이다.

물론 예외도 있다. 홍보물 구성을 위해 인터넷을 검색하다가 눈에 띄는 포스터를 봤다. 슬로건은 '동네머슴'이었고 한복에 밀짚모자를 쓰고 있었다. 표정은 비장하기 그지없었다. 200년 전 돌쇠의 재현을 보는듯한 느낌이었다.

이 정도면 기출 변형이다. 그 포스터의 눈빛에서 "제발 저를 잊지 말아 주세요!" 라는 눈빛을 읽을 수 있었다. 출마 단위가 기초의원인 시의원 선거임을 고려하면 도지사, 시장을 선택하는 것만도 헷갈리는 유권자에게 '시의원만큼은 제발 나를 기억하고 뽑아달라'는 몸부림이었다. 눈에 띄는 신선한 충격이었지만 아쉽게도 당선되지는 못 했다고 한다.

이제 내 차례다. 선거 사진은 포스터, 현수막, 명함, 홍보물 등 내 사진이 들어가지 않는 곳이 없다. 활용 용도에 따라 다양한 컨셉의 사진이 필요하고, 5미터가 넘는 현수막에 얼굴이 인쇄되어야 해서 전문가의 손을 빌려야 했다.

먼저 스튜디오 촬영 약속을 잡았다. 평생 해보지도 않았던 머리 스타일링과 화장을 받고 정장 몇 벌을 든 채 스튜디오에 도착했다. 현장에는 내 사진 촬영을 위해 6명이나 되는 직원이 분주히 움직이고 있었다. 직원들은 카메라를 세팅하고 반사판의 각도를 조절하고 내 옷매무새를 다듬어 주었다. 고작 내 사진 촬영을 위해 여섯 사람이 분주히 움직이는 모습에 부담이 느껴졌다. 어느새 옷 안으로 식은땀이 흘러내리고 있었다.

나도 비싼 DSLR 카메라를 가지고 있을 정도로 사진촬영을 좋아하지만 막상 피사체가 되어 카메라 앞에 서니 어색함에 온몸이 배배 꼬였다. 감독님이 주문하는 포즈를 취하기 위해 노력해 봤지만 이미 내 몸은 각목 인형처럼 뻣뻣하게 굳어져 있었다. 긴장해 있는 나의 심리 상태를 알아차린 직원들이 농담을 건넸음에도 나는 유체이탈을 해버린 지 이미 오래였다. 많은 사람들의 시선 속에서 자연스럽고 매력적인 표정을 지어야 한다는 부담감은 도저히 적응하기 어려운 문제였다. 잠시 휴식을 요구하고는 화장실로 달려가 아침에 먹은 것들을 다 토했다.

이미 몸과 마음은 엉망진창이 되어버렸다. 이런 상황에 사진이 무슨 소용인가. 나는 작가님이 요구하는 대로 움직이는 인형 노릇을 하다가 집으로 돌아왔다. 사진도 찍혀본 사람이 잘 찍힐 수 있다는 걸 그때 알았다. 흔히 사진을 잘 찍는 게 어렵다고 생각하는데 사실 잘 찍히는 게 훨씬 더 어렵다. 아, 이럴 줄 알았다면 미리미리 피사체 노릇에 익숙해 졌어야 하는데. 아마추어 연기자 덕분에 여섯 명이나 되는 사람들의 하루까지 망쳐버렸다.

며칠 뒤 사진을 받았다. 사진작가님께서 최대한 좋게 포장해 주셨지만 웃고 있는 내 모습 속에는 어딘가 슬픔의 기운이 보였다. 현대작품으로서 '기쁨 속의 슬픔'이라는 제목으로 미술관에 걸렸다면 제법 이목을 끌 수 있을지도 모르는 사진이었지만 신뢰감은커녕 불안감이 묻어나는 이 사진을 결국 사용할 수 없었다. 나중에 다른 스튜디오에서 겨우 다시 찍어 대체했는데, 조개처럼 입을 다물고 있는 모습이 아쉬웠지만 다시 한 번 카메라 앞에 설 자신은 없었다.

스튜디오 촬영을 마치고 야외 촬영도 했다. 홍보물 제작에 필요한 스냅 샷을 찍기 위해서다. 현장 경험이 풍부하다는 이미지를 주기 위해 짐을 나르는 모습도 찍고, 정치인이라면 한 번쯤은 한다는 시장에서 어묵 먹는 사진, 평소 자주 인사를 나눴던 할머니와 대화하는 사진도 찍었다.

"모델 노릇하기 힘들지? 그게 다 금배지를 달기 위한 과정이라 생각하고 해~"

사진 촬영에 동행했던 부장님께서 말씀하셨다. 그러고 보니 당선이 돼 금배지를 단 사람들은 웬만하면 다 시장에서 어묵 하나쯤 먹었더랬지….

우여곡절 끝에 나온 사진을 내 이름과 함께 최대한 널리 알려야 했다. 어떻게 해야 유권자에게 나를 알릴 수 있을까? 지나가는 사람들을 모두 붙잡고 내 사진을 보여주며 "장석호입니다!" 라고 할까? 자동차에 내 사진을 붙이고 확성기로 내 이름을 크게 외칠까? 내 사진을 동네방네 뿌리고 다닐까?

유권자에게 선거 후보자는 하나의 광고 상품과도 같다고 했다.

하지만 광고 상품과 후보자 사이에는 차이점이 하나 있다. 상품 광고에는 그 형식에 큰 제한이 없지만 후보자는 공직선거법에서 규정하는 방법으로만 자신을 알릴 수 있다는 점이다.

우리나라 공직선거법에는 후보를 알릴 수 있는 선거운동 방법을 정해놓았다. 나와 같이 샘솟는 창의력을 바탕으로 한 선거운동 방법은 웬만하면 할 수 없는 것들이었다. 평상시에 할 수 있는 선거운동, 예비후보자 기간에 할 수 있는 선거운동, 선거기간에 할 수 있는 선거운동 등 시기에 따라 홍보하는 방법에도 차이가 있다. 말이나 문자, 전화 등 기본적으로 할 수 있는 선거운동을 제외하고 나를 알리기 위한 방법들을 찾아보기 시작했다.

명함 배부

명함은 일상적으로 유권자를 만날 때 인사와 함께 자연스레 건넬 수 있는 홍보물이다. 선거기간 동안 나의 분신이라고 생각해도 된다. 선거명함에는 이름, 사진, 전화번호, 학력, 경력 등 여러 가지 정보를 써넣을 수 있다. 모든 정보를 다 넣어도 되지만 그렇게 되면 오히려 가독성이 떨어져 나의 강점을 가리게 될 수도 있다. 어떤 정보를 넣을 것인지는 나의 선택이지만 중요한 것은 하루에도 명함을 몇 개씩 받게 될 유권자에게 마음에 흔적을 남기고 각인할 수 있는 요소들이다. 내가 명함을 통해 유권자들에게 각인시켜 주고 싶은 것은 무엇일까? 이름, 기호, 사진을 중심으로 크게 채웠다. 선거기간에 유권자들이 받는 명함은 한번 쓱 보고 버려지기 십상이지만 버려지기 전까지 그 3초 동안 나를 알려야 한다. 다 똑같은 것처럼 보이는 명함이지만 다른 후보자들과 차별화 하기 위해 점자 명함도 제작했다.

명함도 아무 장소에서나 아무 방법으로나 배부할 수 있는 것은 아니다. 특히 예비후보자라면 선박, 열차, 지하철, 비행기, 터미널, 역의 개찰구 안, 병원, 종교시설, 극장, 영화관 등 돈을 내고 들어가야 하는 대부분의 장소와 종교시설은 안 된다.

그러나 예외 규정도 있다. 영화관이지만 본래의 목적으로 사용되지 않을 때는 명함을 나눠줘도 된다는 조항이다. 원래 영화관에서는 명함을 나눠줄 수 없지만 영화를 보기 위해서가 아니라 출판기념회를 하거나 단체 모임을 위해 영화관을 대관한 경우, 즉 본래의 용도 외의 용도로 이용할 때는 명함을 나눠줄 수 있다. 이런 규정을 보며 영화관에서 명함을 돌리는 후보자를 누군가가 신고하고 선거관리위원회에서 유권해석을 내리는 치열한 과정을 상상할 수 있었다.

어깨띠 등 표지물 착용

나를 알리는 어깨띠나 표지물을 착용할 수 있다. 선거가 다가오면 지하철역 아래서, 교차로에서 큰 스티커에 후보자의 이름이 쓰인 판을 든 채 인사하는 정치인을 본 적이 있을 것이다. 그것이 표지물을 활용한 일명 피케팅이다. 명함과 같이 가로, 세로 규정이 정해져 있다. 그 규정 안에서 내가 하고 싶은 말을 자유롭게 쓰면 된다. 대부분 이름과 기호가 가장 크게 들어가지만 동네에서 가장 시선을 끄는 사람이 되어야 하는 후보자의 입장에서 색다른 문구를 넣기도 한다. 모든 후보자가 고심을 거듭해 만들었을 표지물을 보는 것도 선거의 재미다.

예비후보자 홍보물 발송

전체 유권자의 10%에 해당하는 세대에 선거기간 시작 3일 전까지 홍보물을 미리 보낼 수 있다. 지방자치단체에 요청해 지역별, 세대주의 성별, 연령별로 나누어 주소록을 요청할 수 있다. 홍보를 하는 입장에서 보면 정밀한 공략이 가능한 것이다.

내가 있던 선거구는 전체 약 45,000가구가 있었기 때문에, 약 4,500세대에 홍보물을 보낼 수 있었다. 이 4,500가구 중 내 홍보물을 보내고 싶은 곳을 내가 선택할 수 있다. 노후주택단지라면 재개발에 대한 요구가 있을 테니 재개발 공약을 담은 홍보물을 발송할 수도 있고, 어르신이 많이 거주하는 지역을 선택해 어르신 공약을 담은 홍보물을 발송할 수도 있다. 내 지지자가 적은 곳에 보내 인지도를 올릴 수 있고, 내 지지자가 많은 곳에 보내 입소문을 퍼트릴 수도 있다.

그러나 일반적으로 선거기간 전에 보내는 홍보물은 반응이 약한 편이다. 때문에 일반덕으로 지지자가 많은 곳으로 보낸다. 나를 지지해 주는 사람들의 주소를 많이 알고 있다면 꼭 시 · 군 · 구청을 통해 주소록을 받지 않아도 된다.

거리 현수막 게시

선거가 다가오면 어느 날 갑자기 선거 현수막이 온 동네를 뒤덮는 광경을 본 적이 있을 것이다. 선거운동 기간 개시일부터 걸 수 있는 거리 현수막이다. 무분별하게 걸리는 것을 방지하기 위해 선거구 내에서 후보자당 걸 수 있는 현수막의 개수가 똑같이 정해져 있다. 사전투표소나 투표소 건물이 있는 곳에는 걸 수 없고 도로를 가로질러서 걸 수도 없다. 그런 이유로 거리 현수막은 대부분 차량과 주민의 통행량이 많은 대로변에 건다. 또한 유동인구가 적더라도 눈에 확실히 띄거나 노후주택단지에 재개발 공약을 거는 등 지역 내 특정 공약을 부각하기 좋은 곳에 거는 경우도 있다.

선거 유세차

어느 날 갑자기 온 동네를 뒤집어놓을 정도로 시끄러운 음악이 흘러나오기도 한다. 거리 현수막과 같이 선거운동 기간 개시일부터 운행할 수 있는 선거유세 차량이다. 일반적으로 스피커도 실을 수 있고 사람도 탈 수 있도록 트럭을 개조해 사용한다. 유권자의 시선을 한눈에 끌 수 있지만 가장 큰 걸림돌은 비용이다. 차량 대여료만 천만 원에 달한다. 유류비, 운전기사 임금까지 고려하면 천오백만 원이 훌쩍 넘어간다.

무분별하게 많은 차량이 돌아다니는 것을 방지하기 위해 각 선거 및 선거구별로 정해진 차량 대수가 있다. 유세차에서 재생할 수 있는 선거유세 노래와 마이크 음량도 정해진 데시벨(dB)을 넘길 수 없다.

선거사무소 설치 및 현수막 등 게시

선거사무실을 설치하고 그곳에 외벽 현수막을 걸 수 있다. 선거사무실의 본래 존재 목적은 선거에 관한 통상적인 업무를 보고 선거에 도움을 줄 사람이 모일 수 있는 용도로 쓸 수 있지만 사실 가장 중요한 목적은 외벽현수막을 걸기 위해서다.

선거기간이 다가오면 길거리에 걸려 있는 현수막뿐 아니라 건물 전체를 뒤덮을 정도로 큰 현수막이 걸리는 것도 볼 수 있다. 바로 외벽 현수막이다. 외벽 현수막은 선거관리위원회에 선거사무실로 등록한 건물이라면 걸 수 있다. 사무실이 4층에 있다고 해서 4층에만 걸지 않아도 된다. 건물주의 허락만 받으면 건물 전체를 덮어도 된다.

외벽 현수막이 크면 클수록 내 선거사무실이 이곳에 있다는 사실을 알림과 동시에 지나가는 사람들에게 나를 홍보할 수 있다. 유권자도 2년에 한 번씩 동네에 크게 걸리는 얼굴을 보고 선거에 나온 후보자임을 알아챈다. 정치적 홍보로서 최적의 방법인 것이다. 집에서 비대면 회의와 업무도 할 수 있는 시대에 선거업무쯤이야 당연히 가능하지만 모든 후보자가 유동인구가 많은 대로변에 선거사무실을 구하고자 하는 이유다.

나는 다행히 우리 동네 시의원 후보 중 가장 먼저 후보로 확정

돼 공천 확정이 되지 않은 다른 후보에 비해 선거사무실을 구할 수 있는 시간이 여유로웠다. 그러나 선거사무실을 구하는 과정은 쉽지 않다. 건물주 입장에서 선거 후보자는 선호하지 않는 세입자이기 때문이다. 후보자는 선거 기간이 아니면 사무실을 굳이 쓸 이유가 없으니까.

대부분의 후보자가 선거를 준비하는 기간인 6개월 이하의 단기 계약을 하려 한다. 건물주 입장에서는 이 시기에 장기 임차 고객을 놓칠 수도 있다. 굳이 창문을 가리는 현수막 때문에 다른 층 입주사의 불만을 자아낼 수도 있다. 창문을 사용하는 입주사의 입장이 가장 중요하기 때문에 당사자가 허락해 주지 않으면 건물 전체를 덮는 현수막은 걸지 못 한다. 후보자 입장에서는 사무실을 구했는데, 입주사의 허락을 받지 못해 현수막을 크게 걸지 못 한다면 건물주와 분쟁이 생길 수도 있다. 이런 이유로 동네의 많은 부동산을 돌아다녔지만, 선거사무실만큼은 절대 세를 내 주지 않겠다는 건물주가 절반이나 되었다.

약 2주 동안 동네 부동산을 샅샅이 찾아다녔다. 그리고 8차선 대로변 횡단보도 바로 앞 건물 5층에 사무실을 얻을 수 있었다. 사실상 외벽 현수막을 달기 위해 구하는 사무실이었기에 추후 분쟁 소지를 예방하기 위해 '임대인이 외벽 현수막 게시에 동의한다'는 특약사항을 넣어 단기 사무실 임대 계약을 체결했다. 거기에 운이 좋게도 옆 사무실 입주사 대표님의 허락을 얻어 옆 사무실 창문까지 덮어 크게 제작할 수 있었다.

당연히 그러지 못 한 후보도 있었다. 건물을 다 덮긴 했는데 창문만 빼고 걸어 퍼즐처럼 보이는 현수막부터 건물 측면에 걸려 있어 고개를 돌려야 겨우 볼 수 있는 현수막, 15층 건물 꼭대기에 걸어 고개를 빳빳이 들어야 보이는 현수막 등 다양한 외벽 현수막의 모습은 건물주의 허락을 받지 못해 태어난 걸작이었다. 다른 동네에 출마한 한 후보는 입주민의 의사를 물어보지도 않고 오피스텔 건물 전체를 덮었다가 주민들의 강력한 항의를 받고 외벽 현수막을 철거했다고도 한다. 자칫 돈만 날리고 역효과가 날 수도 있으니 사전 동의는 필수다.

임대인과 입주사의 동의를 구한 뒤 곧바로 현수막 제작에 돌입했다. 인쇄, 설치, 철거 비용까지 합해 약 200만 원이 들었다. 8차선 도로 앞에 내 얼굴이 크게 걸렸다. 그제야 깨달았다.

"앞으로 우리 동네에서 조용히 살기는 글렀구나."

그냥 가만히 있었으면 이런 생각을 할 필요도 없었지만 지금의 창피함은 앞으로 동네방네 걸릴 내 얼굴과 이름에 비하면 예고편에 불과했다. 아무튼 내가 가장 먼저 우리 동네 주민들에게 출마 선언을 했다.

인터넷 홈페이지를 이용한 선거운동

오프라인 선거운동과 함께 온라인 선거운동도 할 수 있다. 돈이 없더라도 누구에게나 열린 기회다. 블로그, SNS, 온라인 메신

저를 이용한 선거운동도 가능하다. 선거일까지 나를 마주치지 않는 90% 유권자 중 내가 궁금한 사람은 인터넷 검색을 통해 나를 알게 된다. 주민을 찾아가는 것도 중요하지만 나에게 관심 있는 사람들에게 나를 알리는 것도 중요하다. 해본 적도 없는 블로그와 SNS 계정을 개설했다.

인터넷에 나를 검색하는 사람들은 내 어떤 점을 궁금해 할까? 일단 후보 소개, 공약 소개, 지역 활동 기록, 보도자료 등 4개의 카테고리를 만들어 글을 올리기 시작했다.

문자를 이용한 선거운동

모든 사람들이 스마트폰을 쓰면서 모든 후보자들이 기본적으로 쓰는 방법이다. 쉽고 효과적이라는 이유에서다. 그러나 그 만큼 부작용도 크다. 선거 때만 되면 어디서 내 번호를 알았는지 전국 팔도의 후보자로부터 문자가 쏟아진다. 답신이 오는 유권자 중 열의 아홉은, 아니 백의 구십구는 자기 번호를 지워달라며 항의하는 내용이다. 그러나 정치인은 쉽게 내 이름을 알릴 수 있는 문자 선거운동에 대한 유혹을 뿌리치기 힘들다.

선거 때만 되면 유권자들의 전화번호를 전문적으로 거래하는 브로커들의 연락도 받는다. 행정관청에서 주민의 전화번호가 통째로 유출되었다거나 공무원으로부터 유권자 연락처를 제공받은 정치인이 수사를 받는다는 뉴스도 심심찮게 볼 수 있다. 어떤 후보는 밤에 아파트에 주차된 차량에 적어놓은 핸드폰 번호를 메모

했다고도 한다. 물론 선거 문자를 받은 사람이 개인정보 수집 경위에 대해 문제를 제기하고 불법 수집이 밝혀지면 처벌 대상이 될 수 있다.

무작정 전화번호를 많이 확보하는 것보다 우리 동네에 사는 사람들의 연락처가 중요한 것은 말할 것도 없다. 얼마나 많은 전화번호를 확보해야 할까? 기준은 없지만 많은 선거 경험을 가진 사람들 말를 듣자니 지방의원이라면 보통 전체 유권자 중 20% 정도의 전화번호는 가지고 있어야 한다고 한다. 이 20%도 물론 내게 투표해 줄 것이라는 보장은 없다. 문자를 받은 사람의 절반만 찍어 준다고 가정해도 20%의 유권자에게 문자를 보내면 10%를 득표할 수 있다. 결국 수치를 떠나 유권자의 번호는 많으면 많을수록 좋다.

우리 선거구에 거주하는 유권자는 약 8만 명이었다. 그러니 1만 6천 명의 번호를 가지고 있으면 좋다. 내 핸드폰 주소록을 봤다. 내가 살고 있는 동네에 살고 있는 사람들을 추려보니 300명이 나왔다. 0.13%다. 나는 0.13%의 전화번호를 가지고 선거운동을 시작했다.

내 이름을 알리기 위한 문자를 보낸다고 해도 0.13%에 불과한 유권자 전화번호로 효과를 거두기에는 '오병이어'의 기적을 기대하는 것이나 마찬가지다. 정치 신인인 나로서는 현역 혹은 출마 경험을 가지고 있는, 소위 '조직력'이 뒷받침되는 후보와는 다른 전략이 필요했다. 선거는 이제 불과 몇 달도 남지 않았다. 이제 와서 동네 주민들의 번호를 물으러 다닐 자신도 없었다.

미리 주민들의 연락처를 알아놓지 못해 아쉬워하고 있는데 문자가 온다.

'철원의 자랑 OOO 여론조사 적합도 1위!'

선거운동 문자다. 도대체 이 사람은 철원과 아무런 연고도 없는 내게 왜 이런 문자를 보냈을까?

전화해서 따져본다고 해봐야 번호를 잘못 입력했다고 대답할 것이 뻔하다. 덕분에 저 멀리 있는 철원의 명물이 무엇인지는 알게 되었다. 선거가 다가올수록 홍보 전쟁의 신호탄이 전국 곳곳에서 울리기 시작했다.

PART 3

시의회 의원 예비후보가 되다

안녕하세요, 시의원 후보 장석호입니다

햇살 가득한 월요일 아침 6시, 시끄럽게 울리는 알람에 눈을 떴다. 첫 예비선거 운동의 첫 아침이 밝았다. 이렇게 이른 시간에 일어나는 게 얼마 만인지 모르겠다. 군생활을 할 때 아침 7시에 일어나는 것도 곤욕이었는데, 앞으로 몇 달간 6시에 일어날 생각을 하니 집 밖을 나서기 전부터 피로가 밀려왔다.

내 이름을 크게 인쇄한 피켓을 들고 집을 나섰다. 첫 선거운동은 출근인사다. 출근하기 위해 지하철을 타러가는 시민들에게 활짝 웃으며 인사를 하면 된다. 이분들은 출퇴근 시간인 아침과 저녁을 제외하면 우리 동네를 벗어나 다른 장소에서 시간을 보내시는 분들이기 때문에 이 시간을 놓치면 내 이름을 알릴 수 없다. 또한 짧은 시간에 집중적으로 만날 수 있는 시간이기에 나와 같은 정치 신인들로서는 인지도를 올리기에 좋은 시간이다. 사실 후보자들이라면 누구나 하는 선거운동이다.

지하철역 앞에 도착했다. 선거를 몇 달이나 남긴 시기인지라 아직 다른 후보는 나오지 않았다. 선거 때마다 후보자들 사이에서 치열한 자리싸움을 벌였던 곳을 쉽게 차지할 수 있었다. 바쁘게 오가는 출근길에 방해가 되지 않도록 지하철 입구 옆에서 피켓을 들고 쭈뼛거리며 서 있었다.

오전 7시, 피곤이 가시지 않은 표정을 하고는 시민들이 하나둘씩 걸어온다. 사람들의 시선은 내 얼굴과 피켓을 오가며 확인하고는 스쳐갔다. 이름을 크게 인쇄한 덕분에 50미터 밖에서도 내 피켓을 보는 시선을 느낄 수 있었다.

내 이름을 알리는 데는 일단 성공적인 전략이라고 생각했지만 그들이 어떤 생각을 할 것인지는 알 수 없었다. 통행에 방해가 된다며 불쾌해 하거나 혐오감을 키우는 건 아닐까. 용기를 냈다. 힘겹게 중력을 거스르며 고개를 들고 눈을 맞춘 뒤 고개를 숙여 인사했다.

"안녕하세요, 좋은 하루 되십시오!"

사실 하고 싶은 말은 많다. 내가 정치에 관심을 가진 계기, 내가 꼭 이루고 싶은 정치적 목표, 젊지만 나만이 가지고 있다고 자부하는 강점까지 나를 소개할 수 있는 말을 열심히 준비했다. 유권자도 나를 자세히 알아야 뽑아줄 마음이 들지 않겠는가.

하지만 바쁘게 움직이는 출근 시간에 한가롭게 내 말을 들어줄 사람은 없다. 유권자들이 나에게 던져주는 시선은 1초 남짓이었다. 그 1초 안에 '나'라는 사람을 알려야 한다. 결국 그 찰나의 시간에 나를 알릴 메시지는 거의 없다. 이름과 얼굴을 알리는 것만 해도 만족스러운 결과. 그러니 그 피켓에 구구절절 정치적 포부를 적어봐야 헛수고라는 생각이 들었다.

나를 어필하기 위한 긴 말은 아무런 소용이 없다. 그저 할 수 있는 말은 인사말뿐이었다. 4년 전, 유권자 신분으로 출근하면서 지하철역에서 선거운동을 하던 후보자를 보면서 들었던 생각을 떠올렸다.

'자기 얼굴 걸고 인사만 한다고 뽑아주나?'

4년이 흘러 나 역시 그 후보자와 똑같은 모습으로 선거운동을 하고 있었다.

"열심히 하겠습니다, 좋은 하루 되십시오!"

시민들과 얼굴을 마주할 때마다 연신 허리를 숙였다. 그럴 때마다 크게 인쇄된 내 이름이 보였다. 현대사회의 큰 특징인 익명성을 정면으로 거스르는 내 모습을 보니 평생 자랑스러웠던 내 얼굴과 이름이 순간 부끄러워졌다. 내 몸통을 가릴 정도로 커다란 피켓을 들고 있었지만 속으로는 발가벗겨진 기분이었다. 하지만 후보가 창피해 하면 행동을 통해 티가 난다. 보는 사람도 다 알게 된다.

평소 잘 웃지도 않는 내게 아침부터 웃어야 하는 것도 고역이었다. 선거운동 며칠 전부터 자연스러운 미소를 짓기 위해 연습했지만 역시나 실전은 어려웠다. 입 꼬리만 올린 채 웃다 보니 광

대뼈가 아팠다. 멍 때리는 모습을 보이지 않기 위해 유권자의 눈을 마주치지 않을 때는 사람들의 옷차림을 보거나 지나가는 버스에 사람이 얼마나 있는지 쳐다보는 등 다른 곳에 시선을 두기도 했다. 사람들 목에 걸린 사원증을 보고 내릴 역을 유추해 보기도 했다.

"다들 아침부터 열심히 사는구나."

새벽에 일어나는 매일 매일이 힘들었지만 나보다도 더 바쁘고 열심히 사는 시민들을 보면서 반성하기도 하고, 각오를 다지기도 했다. 그러면서도 그분들을 통해 에너지가 충전되는 느낌을 받기도 했다. 왠지 공기마저 신선해 개운한 느낌이 들었다. 피곤한 건 부인하기 힘들었지만 아침 일찍 일어나 움직이기를 잘했다고 생각했다.

그새 자연스럽게 웃는 법도 익혔다. 역시 시작이 어려울 뿐이었을 뿐 막상 해보니 다 적응하게 된다. 마음속으로는 이미 시련을 넘기고 당선 문턱을 넘은 느낌이었다. 그래도 오래 서 있다 보니 다리가 저려오기 시작했다.

"이제 다 했겠지?"

시계를 보니 7시 30분. 예상했던 두 시간 중 4분 1밖에 지나지 않았다. 이대로라면 마음속으로 선거를 세 번은 더 치러야 했다. 남은 1시간 30분을 어떻게 채워야 할까? 앉았다 일어나고, 목 스트레칭을 하면서도 시간은 국방부의 시계보다도 느리게 흘러갔고, 사람들이 계속 힐끔거리며 지나쳤으나 역시 시선은 1초 이상

머물지 않았다. 30분 정도를 더 서서 인사를 하다 보니 이제는 허리까지 아팠다.

'누가 감시하는 사람도 없는데, 적당히 하다가 들어갈까?'

문득 그런 생각이 들었다.

하지만 선거 결과에 대한 책임은 다른 누구도 아닌 후보인 내가 진다. 나는 내 당선을 위해서 이 자리에 나왔다. 누가 알아봐 주는 것도 아니기는 하지만 스스로 약속한 것도 지키지 못 하는 정치인이 되고 싶지는 않았다. 무심한 눈길과 저리는 다리에 집에 가고 싶을 때마다 '선거는 먼저 고개를 드는 사람이 진다'는 어느 유명한 정치인의 말을 떠올리며 버텼다.

슬쩍 쳐다봐 주시기는 하지만 정말 나를 알아봐 주실까? 내 피켓을 보며 지나가는 사람을 붙잡고 나를 얼마나 알게 되었냐고 물어볼 수도 없는 노릇이다. 효과에 대해서는 반신반의 했지만 당선된 사람들이 모두 출퇴근 인사를 하는 데는 그만한 이유가 있을 것이라며 스스로를 설득했다. 어차피 아침에 할 수 있는 선거운동이 출근인사밖에 없기도 했다.

두 시간의 출근인사를 마친 뒤 사무실에 돌아왔다. 긴장이 풀려 그대로 소파에 나자빠졌다. 혹시 필요할 것 같아 준비했던 파스를 무의식적으로 뜯었다. 소파에 누운 지 10분도 되지 않아 바로 잠이 들었다. 밖에서 들려오는 버스, 오토바이 등 경적과 소음이 시끄러웠지만 눈꺼풀의 무게를 나는 감당할 수 없었다.

얼마의 시간이 지났을까. 요란한 경적에 눈을 떴다. 시계를 보니 한 시간 정도 흘렀다. 다음 선거운동을 위해 어깨띠를 두르고 밖으로 나왔다. 어깨띠 착용 역시 피켓과 마찬가지로 크게 적힌 내 이름을 온몸에 두르게 된다. 출근인사와 마찬가지로 민망한 마음이 들기는 했지만 피할 수 없다. 이건 적응의 문제다. 공인이 되겠다는 생각으로 험난한 여정에 뛰어들었다. 그런데 이 정도 일로 부끄러움을 느낀다면 자격이 없는 거다. '피할 수 없으면 즐겨라.' 라는 말을 가슴속에 품고 사무실을 나섰다.

이번 목적지는 시장이다. 유권자들과 인사를 하고 명함을 건네면 된다. 선거운동 수업에서 배운 것처럼만 하자. 눈빛을 마주한 상태에서 밝게 웃으며 명함을 건네면 된다.

지나가는 할머니에게 다가가 먼저 인사를 건넸다.

"안녕하세요, 우리 동네 시의원 나왔습니다. 장석호입니다."

할머니의 손 바로 앞에 명함을 드렸다.

"자네가 나왔다고? 하이고, 이렇게 젊은데?"

"아유, 감사합니다. 열심히 하겠습니다."

"아니, 이렇게 젊은데 정치 할 수 있겠어?"

젊다는 말은 칭찬으로만 들렸지만, 선거판에서는 다른 의미를 가지고 있다. 할머니의 뜻은 '이 젊은이에게 동네의 일을 맡겨도 되나?' 라는 의문이었다.

"젊지만 경험이 많습니다!"

"무슨 경험?"

"어, 그게…."

쉴 틈 없이 들어오는 질문에 말문이 막혔다. 머릿속이 백지가 되어버렸다. 명함 뒤에 적어 놓은 경력만 이야기해도 됐는데, 긴장한 나머지 아무 생각이 들지 않았다. 할머니는 명함도 받지 않으신 채 내 얼굴을 빤히 쳐다보며 갈 길을 가셨다. 첫 개시부터 실패다.

충격에 휩싸여 잠시 길가에 앉았다. 그렇지만 정치인이 되고자 한다면 이보다 더한 상황도 잘 넘겨야 한다. 생각해 보면 돈을 달라고 하는 것도 아닌데 왜 긴장하고 있는 거지? 얼굴에 철판 깔고 더 당당해지자. 설마 때리기야 하겠어?

마음을 다잡고 다시 명함을 나눠 주었다. 시장 상점도 빼놓지 않고 들렀다.

"안녕하세요, 처음 인사드립니다. 우리 동네 시의원 출마했습니다. 장석호입니다"

호떡집 아주머니는 나를 위아래로 훑어보신 뒤 말씀하셨다.

"아이고, 젊네. 우리 동네에 이렇게 젊은 후보는 처음 보네."

이번에도 젊다는 이야기로 시작한다. 역시 석호 당선기획단 회의에서 거론되었던 것처럼 다른 후보들과의 차별점은 '젊음'이었다.

"근데 선거는 한참 남았는데, 이렇게 빨리 나온 사람은 처음이네. 왜 벌써 나왔어?"

"제가 솔직히 다른 후보에 비해 인지도가 낮아서요, 일찍부터 저를 알리려고 나왔습니다."

"그래? 공천은 아직 못 받은 거지?"

아주머니는 일반 유권자들은 크게 관심 없어 하는 공천 상황까지 알고 계셨다. 지역 선거에서는 공천 심사를 위한 평가항목 중 하나인 지역 내 인지도 확보를 위해 나처럼 일찍 선거운동을 시작하는 후보들도 간혹 있는데, 그 과정을 위해 나왔는지 물어보신 것이다.

알고 보니 아주머니는 시장에서 30년 넘도록 장사를 하셨다고 한다. 30년 동안 얼마나 많은 정치인이, 얼마나 많은 예비 정치인들이 그 호떡집을 다녀갔을까? 다행히 나는 공천을 받은 터라 이야기는 곧바로 지역 정치 현황으로 넘어갔다.

"여기 OOO 시의원은 XX아파트 살잖아. XXX 의원은 로터리클럽 회장이라 조직이 만만치 않은데, 잘할 수 있겠어?"

오랫동안 시장에서 장사하신 사장님들은 지역 정가에 대해 나보다 더 잘 알고 계셨다. 나도 나름 동네 정치 판세를 열심히 분석했지만 아직 갈 길이 멀다.

장을 보러 나오신 주민들은 명함을 잘 받아주셨다. 우려했던 것과는 다르게 해코지를 하거나 욕을 하는 사람도 없었다. 시장을 한 바퀴 돌다 보니 준비했던 명함 300장이 다 떨어졌다. 다시 사무실로 왔다. 시계를 보니 오후 2시가 넘었다. 점심 먹는 것도 잊은 채 정신없이 명함을 돌렸다. 시장에서 떡볶이라도 사 올걸. 조용한 사무실에 있으니 벽시계보다 배꼽시계가 더 크게 울렸지만 다시 밖에 나갈 힘은 없었다. 다시 소파에 누웠다. 역시 10분도 되지 않아 잠이 들었다.

눈을 뜨니 해가 지고 있었다. 시계는 오후 5시를 넘기고 있었다. 3시간 넘게 곯아떨어진 것이다. 입가에 묻은 침 자국만 닦고 퇴근인사를 하기 위해 지하철역에 갔다. 퇴근인사는 출근인사보다는 여유 있는 눈빛으로 바라보신다. 간혹 피드백을 해 주시는 분도 계셨다.

한 아저씨가 내게 다가오셨다.

"출근할 때도 봤는데, 젊은 사람이 열심히 하는 것 같아서 충고를 하나 하려고 해요. 슬로건을 좀 구체적으로 바꾸고, 공약에 대한 내용을 더 넣으면 어떨까 싶어요. 유권자가 보기에는 젊은 사람이 기성 정치인들 문법을 따라가는 것처럼 보이네요."

아주 감사한 이야기다.

정당 구성원끼리만 선거 전략을 세우다 보면 비슷한 이야기만 하게 된다. 자칫하면 자기들만의 세계에 빠질 수도 있다.

나는 좋은 내용이라고 생각해도 정치와 거리를 두고 있는 일반 유권자에게는 다르게 읽힐 수 있다는 걸 이해하게 됐다. 이를 수정하기 위한 가장 큰 도움은 유권자들로부터만 받을 수 있다. 모든 조언을 반영할 수는 없더라도 일단 빼놓지 않고 메모했다. 어찌 됐든 내게 관심을 가지고 조언을 해 주신 것이니 자연스레 지지를 부탁할 수도 있다.

8시 반, 두 시간의 퇴근인사를 마친 뒤 집에 도착했다. 간단하게라도 밥을 먹으라는 말까지 무시한 채 침대 위로 무너졌다. 아침에도 자고 점심에도 잤는데도 피곤했다. 퇴근길에 아저씨가 말씀해 주신 내용을 반영해 피켓을 수정한 뒤 다시 잠이 들었다.

첫 일주일은 출퇴근인사와 길거리에서 명함을 배부하며 선거운동을 했다. 며칠 사이에 선거운동을 하며 처음에 느꼈던 어색함과 부끄러움은 많이 사라지고 익숙해졌다. 나만의 선거운동 방법도 터득했다. 사람들이 많이 몰려올 때는 연신 허리를 숙이는 것보다 한 번 길게 인사하는 것이 더 효과적이라는 것이다. 길거리에서 명함을 줄 때는 무조건 당당한 모습을 보여야 한다. 혹시 받아주지 않을까봐 우물쭈물하면 자신감만 없어 보인다. 상대방의 경계심을 허무는 방법도 터득했다. 며칠 새 발전한 내 모습에 스스로 대견함을 느꼈다. 역시 인간은 적응의 동물이다.

다음은 주말 선거운동이다. 주말에는 지하철역보다 여가생활을 즐기기 위한 유권자들이 많이 모여드는 곳을 따로 공략해 선거운동을 했다. 우리 동네는 뒤편으로는 산이 있고, 앞쪽에는 하천이 흐르는 배산임수의 지형을 가진 동네다. 그러다보니 주말 아침에는 등산을 가시는 분들이 동네 뒷산으로 많이 찾고, 오후에는 하천가로 산책을 나오시는 분들이 많다. 아침에는 등산로 입구에서, 오후에는 하천가에서 명함을 나눠주었다. 주말에 만나게 되는 분들은 여유가 있어 출퇴근 인사를 할 때보다 좀 더 깊은 이야기를 나눌 수 있었다.

일요일은 종교시설을 찾아갔다. 일요일이면 각 종교마다 신자들이 모여드는데, 그중에서도 성당은 거주지를 중심으로 교적이 정해진다. 성당의 미사는 12시를 넘겨야 끝난다는 말을 듣고 12시 5분쯤 도착했다. 아직은 한산하다. 가끔 미화원 분들이 오갈 뿐이었다. 그로부터 10분, 20분, 40분, 1시간까지 기다렸는데도 나오는 사람은커녕 성모마리아 동상만 덩그러니 고요한 성당을 지키고 있었다. 오늘은 특별 미사가 있나? 아니면 다 같이 놀러 나가셨나? 쓰레기를 버리러 나오시는 미화원 분에게 물어보았다.

"혹시… 오늘 미사 아직 안 끝났나요?"

"네? 오늘 오전 미사는 한참 전에 끝났죠. 벌써 한 시간도 전에 끝났는데요."

미사는 내가 도착하기 10분 전인 11시 55분에 끝났다고 한다. 첫 방문부터 허탕을 치고 말았다. 다음 주에는 기필코 신자들께 인사드리겠다는 마음으로 11시 30분에 갔다. 그날은 12시가 되자마자 신자 분들이 나오기 시작했다. 소문대로 한꺼번에 우르르 몰려나오신다. 인사를 마친 뒤 지난주에 만난 미화원 분을 다시 만났다.

"오늘은 잘 인사드리셨어요?"

미화원 분은 성당에 오래 계셨는데, 선거철만 되면 정치인들이 너도나도 성당 앞에서 인사를 드린다고 한다. 그런데 나는 왜 이렇게 일찍부터 나왔느냐고 묻는다.

“인지도가 낮아 일찍부터 알리려고 합니다.”

“오늘은 신부님이 미사에 오지 못 하셔서 신자들이 좀 적게 오셨어요. 다음 주에는 신부님도 오시니까 더 괜찮을 거예요.”

그분은 일찍 인사를 시작한 만큼 좋은 결과가 있기를 바란다는 말씀과 함께 다음 주에 특별미사가 있다는 일정도 공유해 주셨다. 연신 감사의 인사를 드렸다.

그 다음 주, 벌써 성당 인사 3주차다. 가톨릭 신자는 아니지만 이제는 성모마리아 상이 친숙하게 느껴졌다. 당선을 기원하는 마음을 담아 성모마리아 상 앞으로 가서 기도를 드렸다. 12시 5분… 약속의 시간이 다가왔다. 미화원 분의 말씀처럼 신자들이 지난주보다 두 배는 더 나오셨다. 나 혼자서 명함을 돌리기에는 역부족이었다. 명함을 전해 드리지 못 한 분들까지 다 들을 수 있도록 크게 소리쳤다.

“안녕하세요, 우리 동네 시의원 나왔습니다. 장석호입니다! 좋은 하루 되십시오! 열심히 하겠습니다!”

오라는 곳은 없어도 가야 할 곳은 많다

수행팀장님이 본격적으로 내 선거운동에 합류해 주셨다. 이제는 출근인사를 마치고 다른 곳도 가 보기로 했다. 첫 번째로 간 곳은 초등학교 앞. 갓 입학한 초등학생을 학교에 데려다 주시는 학부모에게 인사하기 위해서다. 선거구 내 초등학교 학생은 인근 거주지를 기준으로 배정받으니 초등학교에 오는 학부모 역시 전부 선거구에 거주하시는 분들이다.

초등학교 등교는 오전 9시까지다. 출근 인파가 뜸해지는 오전 8시 30분에 선거운동을 마친 뒤 인근 초등학교 앞으로 발걸음을 옮겼다. 학생 수가 많지 않아 여유롭게 인사할 수 있을 거라고 생각했지만 예상과는 달리 현장은 훨씬 복잡했다.

초등학교 등굣길에 있는 모두는 아이들의 안전을 위해 신경을 곤두세우고 있었다. 학부모도, 교통안전지도원도, 교장 선생님도 혹여 아이들이 넘어지지는 않을지, 어디선가 자동차가 튀어나오지는 않는지 지켜보느라 정신이 없다. 내 피켓은 출근길 인사를 할 때 받았던 1초의 시선보다도 더 관심을 받지 못했다. 아이들의 안전을 위해 눈을 떼기도 어려운 시간에 신호등보다 알록달록한 색깔의 옷을 입은 사람이 피켓을 들고 있는 모습은 학부모 입장으로 보면 방해꾼에 지나지 않는다.

등굣길은 예상과는 달리 선거운동을 위해 접근하기가 어려웠다. 선거운동은 포기했지만 안전한 등굣길을 위해 얼마나 많은 주민과 선생님들이 신경을 쓰고 계시는지 알게 되었다. 홍보라는 행위 자체가 누군가의 일상에 침투해 정보를 알리는 것이지만 최소한 아이들의 안전을 방해할 수는 없었다. 등굣길 인사는 며칠 하다 그만두었다.

거리를 지나다니는 사람이 적은 오후 2시에서 4시 사이에는 아파트단지를 돌아다녔다. 아파트 단지 안에서도 선거운동은 가능하다. 주의해야 할 것은 단지 내 거주민들이 불편함을 느끼게 하면 역효과가 발생할 수 있다는 점이다. 선거기간에 시끄럽게 떠들고 다니는 유세차도 아파트단지 안으로 들어갈 수는 있지만 웬만해서는 들어가지 않는다.

아파트 현관 앞에 서 있는 것도 부담을 줄 것 같아 단지 내 놀이터를 중심으로 돌아다녔다. 그래도 어쩔 수 없이 아파트 현관 사이를 지날 때면 가끔 몇몇 주민이 오셔서 한마디씩 하셨다.

"이런 데서 선거운동 해도 돼요?"

가능은 하지만 꽤 눈치가 보인다. 아파트단지 내에서 하는 선거운동은 효과도 크지 않지만 갈 곳도 놀이터밖에 없다. 그마저도 아파트단지를 제외하면 오후에는 사람들이 잘 돌아다니지 않는다.

다음으로 찾아간 곳은 경로당이다. 우리 동네에는 약 30곳의 경로당이 있었다. 경로당에 오시는 어르신들 역시 전부 인근에 거주하시는 분들이니 선거운동을 하기 좋은 장소다. 떨리는 마음으로 문을 열고 들어갔다. '끼익' 소리가 들리자 화투를 치며 시간을 보내시던 열 몇 분의 할머니와 할아버지의 시선이 순간 나에게 쏠렸다. 긴장하지 말자, 내가 잘못해서 온 것도 아니잖아?

"할머니, 할아버지, 안녕하세요!"

어르신들은 낯선 젊은이에 대한 궁금함이 가득한 눈빛으로 나를 위아래로 훑어보셨다.

"뭔 일로 오셨어요?"

"우리 동네 시의원 후보로 나온 장석호라고 합니다. 어르신들께 인사드리러 왔습니다."

"아~ 그렇구나. 웬 젊은이가 양복을 입고 와서 동사무소에서 뭐 전해 주러 온 줄 알았네."

어르신들은 이해했다는 눈빛과 함께 다시 화투판으로 시선을 돌리셨다. 인사를 드리기 전인 10초 전처럼 아무도 나에게 눈길을 주지 않으셨다. 이렇게 인사가 끝난 건가? 그냥 나가라는 뜻인가? 나는 수행팀장님과 얼음이 된 채 멍하니 서 있었다. 보다 못

한 한 어르신께서 우리를 보고 말씀하셨다.

"근데 선거가 또 있어?"

"예. 세 달 뒤에 있습니다. 젊은 만큼 열심히 하겠습니다. 잘 기억해 주십시오."

"알겠어. 잘 기억할게. 그래도 젊은 사람이 찾아와 주니 좋구먼. 합격이여! 합격!"

더 말을 걸기 어색해 금방 나왔다. 다른 경로당을 찾아갔다.

"시의원 출마한 장석호입니다. 어르신들, 잘 모시겠습니다."

어르신들은 나를 쳐다보고 말씀하셨다.

"자네가 후보로 나왔다고?"

"예. 제가 후보입니다."

"어이고~ 이렇게 젊은 후보는 처음 보네. 나이가 몇이야?"

"올해 스물여덟입니다."

"하이고~ 스물여덟? 우리 손자보다도 젊네! 이렇게 어린데 정치를 하겠다고?"

그분들의 삶의 궤적에서 20대 정치인은 처음 만나는 것이니 그런 반응이 나올 법했다. 정치인을 보고 젊다고 하는 말속에는 '젊은 사람이 기특하다'는 뜻과 '젊은 사람이 뭘 알아?'라는 두 가지 뜻이 있다. 상황을 보고 적절하게 대답하는 것이 중요하다. 처음에는 "아직 젊지만 경험은 많이 했습니다." 라고 말했지만 내가 지금까지 살아온 인생의 3배는 더 사셨을 어르신들 앞에서 경험이 많아 봤자 얼마나 많겠나. 산전수전 세월의 풍파를 겪어온 분들 앞에서 경험에 대해 이야기하는 것은 자신감을 넘어 자만심을 가진 것처럼 비쳐질 것 같았다. 싹싹하고 겸손한 자세로 포부를 이야기했다.

"젊은 만큼 더 잘할 자신 있습니다!"

다행히 대부분 좋게 봐 주셨다.

"하이고~ 이리 야물딱진 사람이 우리 동네에도 있었었네. 결혼은 했어? 안 했으면 우리 딸 좀 소개시켜 주고 싶네."

물론 젊은 사람의 출마를 부정적으로 바라보시는 분도 계셨다. 구석에서 조용히 나를 보고 계시던 경로당 회장님이 말씀하셨다.

"무슨 어린 사람이 정치를 한다고 그래? 나도 딸이 있지만 정치하는 사람은 절대 소개 안 시켜!"

소개받을 사람은 생각도 하지 않은 한 여성과의 소개팅이 무산되어 버렸다.

하루 종일 어깨띠를 하고 골목을 돌아다니다 보면 동네의 민원해결사가 되기도 한다. 하루는 산책로에서 혼자 인사를 하고 있는데, 멀리서 할머니 한 분이 큰 소리로 누군가를 부르고 계셨다.

"어이, 학생! 이것 좀 와서 끌어줘!"

나는 학생도 아니고, 누가 오라고 해도 순순히 가지 않는 사람이니 가만히 내 명함을 돌리고 있었다. 그런데, 그 할머니는 다시 소리치셨다.

"학생! 내 말 안 들려? 이것 좀 와서 끌어달라니까."

근처에 나보다 젊은 사람은 보이지 않았다. 확실히 나를 부르는 목소리였다. 그제야 달려가서 물었다.

"혹시 저 부르셨나요?"

"그럼. 여기 학생이 자네 말고 누가 있어?"

당황스러웠지만, 어깨띠와 피켓을 들고 있는 입장에서 조금이라도 표정을 찡그릴 수는 없다. 일단 대답부터 했다.

"뭘 끌어달라고요?"

"그냥 끌라면 끄는 거지, 얼른 따라와 봐."

무엇을 끌어야 하는지도 모르고 일단 따라갔다. 따라갔더니 수레와 카펫이 있었다. 먼지가 가득해 수십 년 세월의 흔적을 담은 카펫이 어쩐지 불결한 느낌을 품고 있었다. 도저히 만질 수도 없는 수준이었다.

"경비실에서 비가 올 때마다 이 카펫을 까는데, 이거 원 도저히 쓸 수가 있어야지. 내가 그냥 내다버려야겠어."

얼떨결에 경비 아저씨 몰래 '다 썩은 카펫 버리기' 임무에 투입되었다.

"이거 그냥 버려도 될까요?"

"당연히 (봉투에) 묶어서 버려야지. 내가 이 앞 쓰레기장에 버렸는데, 경비 아저씨가 (봉투를) 다시 풀어서 가져다 놓더라고. 아예 옆 단지에 버려야겠어."

그렇게 나와 할머니는 경비 아저씨의 눈을 피해 쓰레기봉투를 들고 움직였다. 어깨띠에 크게 적힌 내 이름 때문에 지나가는 주민들이 다들 쳐다보았다. 원래부터 옆 단지에 버리려고 했던 사람처럼 자연스럽게 움직여 임무를 완료했다. 할머니는 그제야 내가 두르고 있는 어깨띠를 보셨다.

"자네가 시의원 나온 거야?"

드디어 나를 홍보할 수 있는 기회가 주어졌다.

"네, 제가 시의원 나왔습니다. 젊은이답게 은 만큼 열심히 하겠습니다."

"명함 하나 줘 봐."

명함을 주려고 주머니에서 꺼냈다. 그런데 그 할머니는 내 손에 있는 명함을 뭉치 째 가져가셨다. 족히 수십 장은 되었다.

"내가 우리 아파트 동대표니까, 알아서 나눠줄게. 바쁜 사람 불러다 일 시켰네, 얼른 들어가셔!"

내 홍보도 제대로 해보지 못한 채 할머니와 작별했다.

하루는 지하철역 앞에서 출근길 인사를 마치고 집에 돌아가려는데, 뒤에서 우당탕탕 하는 소리와 함께 비명이 들렸다. 돌아보니 요구르트 전동차를 몰고 가시던 아주머니가 튀어나온 보도블록에 걸려 넘어지셨다. 카트에 담겨 있던 요구르트는 전동차에 깔려 터져버렸다.

"아이고, 어떡해…."

아주머니는 희멀건 액체로 뒤덮여 아수라장이 된 도로를 보며 넋 나간 표정을 하고 계셨다. 바쁘게 지나가던 사람들은 지하철 시간을 놓치지 않기 위해 뛰어가면서도 피켓을 들고 있던 내게 시선을 보냈다. 좀 한가한 당신이 도와드리라는 뜻이다. 지금은 피케팅보다 사고 수습이 먼저다. 쏟아진 물건을 줍고 카트를 일으켜 세웠다.

"도와주셔서 감사해요."

감사의 인사를 하면서도 손실을 고스란히 떠안아야 할 아주머니의 망연자실한 표정이 보였다. 내가 해 줄 수 있는 것이 뭐가 있을까? 사무실로 되돌아가기 위해 전동차를 돌리는 아주머니께 이야기했다.

"사장님, 저도 요구르트 한 봉지 사가려고요."

"아니요, 괜찮아요. 굳이 그러지 않아도 돼요."

"에이, 정말 사가려고 한다니까요. 제가 먹고 싶어서 사는 거예요."

찌그러진 요구르트 한 봉지를 샀다. 아주머니의 상실감을 전부 위로하지는 못 하더라도 내가 할 수 있는 일은 이것뿐이다.

"시의원 나오신 거예요? 젊은 사람이 착하기도 하지…."

내가 굳이 말하지 않았어도 어깨띠와 피켓이 나에 대한 모든 것을 말해 주고 있었다.

"꼭 기억할 게요. 도와주셔서 감사해요."

어깨띠와 피켓을 몸에 걸치고 다니다 보면 사소한 일이라도 적극적으로 나서서 돕게 된다. 선거기간만이라도 후보자들이 민원해결사가 되어 동네를 돌아다니는 것은 선거의 순기능 중 하나가 아닐까?

선거운동을 하면 동네에 사는 동안 있는지도 몰랐던 길까지 다니게 된다. 처음 가보는 골목의 끝에서 모자를 푹 눌러 쓰신 채 폐지를 줍고 계시는 할머니에게도 명함을 드렸다.

"할머니 안녕하세요. 인사드리겠습니다. 시의원 나온 장석호라고 합니다."

"아이고~ 왜 저 같은 사람에게까지…."

할머니는 이 동네에서 수십 년 동안 폐지를 주우셨지만 한 번도 정치인의 인사를 받아본 적이 없다고 하셨다. 나도 10년 전에 과잣값 벌어보겠다고 남몰래 종이를 주웠던 때가 생각났다. 다른 정치인의 눈에는 보이지 않을지 몰라도 나에게는 남처럼 보이지 않았다.

"할머니, 요즘 이거(종이) 킬로그램 당 얼마나 받아요? 제가 10년 전에 주울 땐 130원 정도 했는데…."

"요즘도 그 정도 해요."

10년 전 1,500원 하던 김밥이 3,000원이 되는 동안 폐지 값은 하나도 오르지 않았다. 할머니는 말씀을 이어가셨다.

"그래도 많이 오른 거여. 작년엔 90원까지 떨어졌었다고."

더 자세한 이야기를 듣기 위해 고개를 숙여 할머니와 눈을 마주쳤는데, 할머니 얼굴이 어쩐지 병에 걸린 듯이 이상했다. 리어카를 언덕길까지 밀어준 뒤 짧은 인사를 마치고 돌아가는데, 수행팀장님이 나에게 이야기하셨다.

"석호 씨, 저 할머니 얼굴이 왜 저렇게 된지 알아?"

"아니요, 모르겠는데요. 선크림을 너무 안 바르셔서 그런가?"

"저게 문둥병이라는 거야."

지금은 한센병이라 부르는 그 병이다. 한때 일제에 의해 집단 격리된 근현대사의 아픈 역사를 지닌 병, 치료하면 전염성이 없다고 볼 수 있지만 아직도 그 외형적인 모습으로 인해 온갖 차별에 시달리는 한센병 환자를 살면서 처음 만났다. 평생을 숨어 사셨을 텐데도 낯선 우리에게 친근함에 가득 찬 눈빛을 보내주신 할머니의 표정이 오랫동안 기억에 남았다.

그렇게 수행팀장님과 며칠간 동네 곳곳을 돌아다녔다. 어느 날, 사무실에서 쉬고 있을 때 수행팀장님이 내게 말씀하셨다.

"이제 보니까 우리는 오라는 곳은 없어도 갈 곳은 많은 사람이야."

선거운동을 하는 정치인이 서 있는 상황을 정확히 짚으셨다.

자신을 뽑아달라고 찾아오는 정치인을 반겨주는 곳은 많지 않다. 그렇지만 환영은 받지 못 하더라도 꼭 가야 하는 곳이 있는 사람, 오라는 곳은 없어도 갈 곳은 많은 나는 오늘도 낯선 곳을 찾아가 노크를 한다.

어둠 속의 한 줄기 빛, 조직

한 달 동안 발길이 닿는 대로 온갖 곳을 돌아다녔다. 첫 달은 명함을 돌리며 내 이름 석 자를 알리는 데 힘을 썼다. 처음 선거운동을 시작할 때만 해도 열심히 발품을 팔면 그만큼 내 이름이 많이 회자될 것이라 생각했다. 그러나 그건 대단한 착각이었다. 열두 시간씩 걸으며 유권자들을 만나도 하루에 명함 300장 나눠 주기도 힘들었다.

한 달 동안 쉬지 않고 돌아다니면 명함 9천 장을 나눠줄 수 있다. 선거운동 기간인 3달 동안 만날 수 있는 유권자는 27,000명이다. 여기서 지하철역이나 시장, 하천변 등에는 다른 지역 거주민들도 다니시기 때문에 유권자 비율이 절반밖에 되지 않을 것이다. 거기에 지방선거의 투표율은 50% 수준이다. 계산을 해보니 매일 쉬지 않고 돌아다녀야 6,750명, 전체 유권자 8만 명 중 8%에 달하는 사람만 나를 만나고 투표장에 가게 된다는 결론에 도달했다.

사실 앞에서 해본 계산은 매우 산술적이다. 현실적으로 매일 열두 시간씩 거리를 걸을 수는 없다. 선거운동을 하며 만나는 사람이 전부 새로운 사람일 리도 없다. 나를 만난 사람이 전부 투표장에 가서 나를 찍어줄 것이라는 보장도 없다. 대면 선거운동은 후보의 진심은 전할 수 있어도 내 소문을 동네에 퍼트리기 위한 효율적인 전략은 아니었다. 혼자만으로는 한계가 명확하다. 미리 분신술을 배우지 않은 것이 후회되었다.

그런 마음이 드는 순간 누구나 '조직'에 대한 욕심이 생긴다. 선거판에서 말하는 조직은 후보를 지지하면서 후보가 직접 만나지 못하는 90%의 유권자에게 입소문을 퍼트리고 후보의 진면목을 홍보할 수 있는 네트워크를 말한다. 오래전부터 후보와 각별한 사이로 똘똘 뭉쳐 여러 일들을 함께했거나 해나갈 사람들이 모여 있는 곳이 조직이다. 내가 언제든지 찾아가서 조언을 듣고 힘을 얻을 수 있는 곳, 출마라는 어두운 길에 비쳐드는 한 줄기 빛이 되는 존재가 조직이다.

모든 정치인이 조직을 만들기 위해 노력한다. 출마 5년 전, 10년 전부터 주민자치위원회 활동을 하고, 봉사단체에 가입을 하거나 직능단체 회장을 맡고 있는 사람들도 많다.

정치인은 잊히는 순간 생명력이 사라진다. 자신의 부고訃告를 빼고 자기 이야기를 널리 퍼트려야 하는 정치인의 입장에서 빠르게 지역에 입소문을 내줄 수 있는 단체가 조직이다. 조직은 정치인의 중요한 자산으로 취급받는다. 당내 공천을 받기 위해 도움을 받을 수 있는 조직에서부터 본선거 때 적극적으로 소문을 내는 조직까지 그 분류도 다양하다.

조직을 확보하고 싶은 후보의 간절함을 이용해 브로커들도 선거기간이 되면 활개를 친다. 수백 명에 달하는 전화번호를 판매한다거나, 단체의 회장이 찾아와 자기 조직을 움직여 당신을 지지할 테니 당선 이후 이권을 달라고 요구하기도 한다.

나는 수도권의 선거판에서는 조직의 영향력이 예전보다 많이 줄어들었다고 생각한다. (지역 네트워크가 상대적으로 유기적인 비수도권 지역은 상황이 다를 수 있다.) 30년 전만 하더라도 동네에서 오래 살고 있던 사람들끼리 관계망이 형성되어 입소문이 빠르게 퍼지는 환경이 조성되어 있었다. 하지만 재개발과 재건축으로 아파트가 빽빽하게 들어서면서 원주민들은 뿔뿔이 흩어지고 새로운 주민들이 들어왔다. 그동안 살아왔던 곳이 다른 그들은 이웃집 사람들과도 잘 교류하지 않게 되었다. SNS와 같은 온라인 환경 속에서 소통하면서 이웃이라는 가까운 물리적인 거리는 별 의미가 없어졌다. 먹고살기 바쁘다는 이유로 주민단체의 활동에 참여하는 일도 줄어들었다. 지금도 주민단체는 신규회원 모집에 열심이다.

예전에는 가족이나 친구가 찍어달라고 하면 묻지도 따지지도 않고 찍어줬다. 하지만 지금은 꼭 그렇지도 않다. 후보의 이미지나 공약, 정당 등 본인의 정치적 견해와 다르면 굳이 찍어주지 않는 유권자도 많다. 그만큼 예전에 비해 유권자 개개인의 정치적 기준이 많이 확립되었다.

그렇다고 내가 지금 조직 무용론을 이야기하고 있는 것은 아니다. 선거판에서 조직의 중요성은 여전히 크다. 젊은 유권자는 덜하지만 아직도 기성세대에서는 큰 역할을 하고 있다.

디지털 문명의 발달로 공간의 제약을 넘은 소통이 활발하지만 지역구 선거는 철저히 물리적 공간으로 틀이 형성되어 있다. 특히 선출 단위가 작은 선거일수록 조직의 영향력이 크다. 총 유권자 수가 적을수록 고정된 표로 선거판을 쉽게 흔들 수 있기 때문이다.

접전이 예상될 때도 마찬가지다. 접전 상황에서는 중도층의 표심이 당선에 결정적인 영향을 미치는데, 중도층은 후보의 역량과 함께 지인의 권유도 투표의 동기로 작용하기 때문이다. 정치에 큰 관심을 두고 있지 않은 유권자라면 지인이 뽑아달라는데, 굳이 안 뽑아줄 이유도 없다. 조직의 힘은 그렇게 늘 대한민국 선거의 중추적인 역할을 해왔고, 여전히 영향력을 자랑하고 있다. 조직선거를 중요시 하는 후보는 본선거 기간을 제외한 모든 시간을 조직관리에만 힘을 기울이는 경우도 많다.

나도 국회의원 선거를 치러본 입장에서 처음부터 조직에 대한 욕심이 있었다. 그러나 조직은 하루아침에 만들어지지 않는다. 신인 정치인은 기성 정치인과 비교해 조직과 관계망을 형성할 시간과 역량이 부족하다. 후발주자인 내가 이제 와서 나를 지지해줄 단체를 찾는 것은 불가능에 가까웠다. 나는 이미 활동 중인 주민단체에 가서 나를 알리는 것을 목표로 하는 끼어들기 전략을 택했다. 지지를 얻지는 못 하더라도 나에 대한 소문이 동네에 돌게 하자는 취지였다.

전국적으로 지원이나 육성에 관한 내용이 법률로 보장된 주민단체가 있다. 대표적으로 새마을부녀회, 주민자치위원회, 자율방범대, 바르게살기위원회, 자유총연맹, 대한노인회 등이다. (정부나 행정기관으로부터 직간접적 지원을 받아 '관변단체'라고 불리기도 하지만, 부정적 의미로 많이 쓰여 여기서는 '주민단체'라고 이야기하겠다.)

나도 의제를 중심으로 결성된 시민단체에서 활동한 이력이 있지만 지역선거에서는 지역을 중심으로 구성된 주민단체와 관계를 맺는 것이 득표 전략에서 더 효율적이다.

나는 동네에서 활동하는 모든 주민단체에 찾아가 인사를 드리겠다고 다짐하고는 먼저 주민단체 회장님의 번호를 알기 위해 동사무소에 갔다. 인사라도 드리고 싶다며 번호를 알려달라고 했지만 개인정보보호를 이유로 알아낼 수 없었다. 개인정보보호도 이유지만 정치인에 대한 주민단체의 불신도 이유 중 하나다. 선거만 다가오면 어디선가 나와서 찍어달라고 하는 사람들만 수십 명이다. 선거가 끝나면 당선된 후보는 이제 당선됐다고 나타나지 않고, 낙선된 후보는 볼 일이 없으니까 나타나지 않는다. 나 역시 어디서 나왔는지는 모르지만 선거가 끝나면 나타나지 않을 정치인 중 하나라고 생각하셨을 것이다. 선거 때에만 나오는 정치인에 대한 경계는 철저히 학습효과로 나타난 것이다. 주말 선거운동을 마치고 집에 돌아가는 길, 다른 선거구에 출마한 시의원 후보를 만났다.

“어, 석호 씨. 반가워요. 오늘 운동장에서 축구경기 했는데 왜 안 왔어요?”

“네? 오늘 운동장에서 축구경기를 했나요?”

“몰랐어요? 어쩐지… 석호 씨, 동네에선 잘 보이는데 오늘은 이상하게 안 보이더라. 석호 씨 빼고 다른 후보들은 다 인사드리러 왔더라고.”

주민단체에 속해 있다면 금방 알 수 있는 일정이었지만 알려주는 사람이 없어 중요한 기회를 놓쳐버렸다. 내가 선거에 출마한다고 해서 누구도 동네행사 일정을 나에게 알려주지 않는다. 목마른 사람이 우물을 파야 했지만 수맥도 찾지 못한 채 아쉬움을 품으며 선거운동을 이어 나갔다.

그러던 어느 날, 하천가에서 인사를 하고 돌아가는 날이었다. 몸빼바지를 입으신 아주머니가 하천가에서 풀을 뽑고 계셨다. 나물이라도 캐시는가보다 싶어 다가가 인사를 드렸다.

“안녕하세요~ 나물 많이 캐셨어요?”

그러자 아주머니가 풀을 쥔 손을 내게 보여주며 대답하셨다.

“나물을 캐는 게 아니라 유해식물 뽑고 있는 거예요. 청년도 그냥 지나가시지 말고 조금 뽑고 가셔요.”

아주머니는 말씀을 마치자마자 내 이름이 인쇄된 어깨띠를 보셨다.

"아~ 우리 동네 시의원 나오셨어요? 그러면 더 하셔야겠네. 잠깐 도와주고 가요."

영문도 모른 채 아주머니가 가리키는 풀을 뽑기 시작했다.

"이게 환삼덩굴이라고 해요. 어릴 땐 끓여서 약으로 먹어도 될 정도로 약초인데, 다 크면 해로운 식물이 돼요. 잘 번지고 생명력도 강해서 주위에 다른 식물이 자라지를 못한다고. 이런 것이 있다는 것을 시민들이 알고 뽑을 줄 알아야 하는데, 맨날 뽑는 사람만 뽑게 돼요. 거기다 시청은 인부도 5월부터 동원해 줘요. 근데 5월에 뽑으러 나오면 뭐 해요. 이미 4월에 다 자라버려서 가시에 긁히고 뽑기도 힘들어지는데."

아주머니께서는 거침없이 말씀하셨다. 나는 이런 식물이 있다는 것도 오늘 처음 알았는데, 아주머니는 동네 하천의 생태계와 시청의 입장을 어떻게 이렇게 잘 아실까? 환삼덩굴을 뽑다가 어느새 한 시간이 훌쩍 지났다. 이럴 줄 알았다면 차라리 운동복으로 갈아입고 나왔을 텐데 정장에 어깨띠까지 하고 뽑다 보니 정장에는 잡초가 덕지덕지 붙고 발이 저렸다. 끼고 있던 면장갑은 이미 너덜너덜한 상태다. 그럼에도 하천 식물생태계에 대한 상황과 공공기관의 지원이 더디게 이루어지고 있다는 것을 알게 된 것만으로도 큰 수확이었다.

"그나저나 어머니께서는 어떻게 이렇게 잘 아세요?"

알고 보니 아주머니께서는 우리 동네 자원봉사단체 회장님이셨다. 오래전부터 독거노인과 저소득층을 위해 봉사를 해 오셨다고 한다. 그렇게 바라오던 단체 회원과의 첫 만남이다.

"그런데, 내가 우리 동네에 30년을 살았지만 후보님은 처음 보는데요? 뭐 하시는 분이세요?"

내 이력과 출마 이유, 그리고 포부를 이야기했다.

"그래, 여기 시의원은 맨날 하던 사람만 해 먹어. 젊은 사람이 나와서 좀 바뀌어야 해. 아참, 내가 우리 동네 주민자치위원회에 하천 관리에 신경을 써달라고 했더니 이번 주 토요일 오전 11시에 환경정화를 하러 모인다고 하더라고."

회장님은 다른 일정을 말씀해 주셨다. 본인은 단체의 회장이라 정치적 중립을 지켜야 해서 내빈으로 초대하기는 어려우니, 후보가 알아서 잘 판단하라는 뜻이었다. 그 말씀이 나에게는 꼭 와서 인사하라는 말로 들렸다. 나물을 캐는 걸로만 알고 지나쳤으면 마주치지 못했을 소중한 인연이었다. 우연한 기회로 소중한 인연을 만난 만큼 연신 감사하다는 인사와 함께 나중에 또 환삼덩굴을 뽑기 위해 만나기로 했다.

토요일 오전, 환경정화 봉사현장에 가기 위해 사무실을 나섰다. 공식적으로 초대를 받지 않았기 때문에 운동복을 입고 찾아가면 안 된다. 일정을 알고 오지 않았다는 인상을 주기 위해 평소처럼 정장에 구두, 면장갑을 낀 채 하천가로 내려갔다. 저 멀리서 하늘색 옷을 입고 집게로 쓰레기를 줍고 계신 분들을 발견했다. 먼저 다가가 모르는 척 인사했다.

"안녕하세요! 무슨 일 하세요? 저도 도와드리겠습니다!"

쓰레기를 줍고 계신 분들은 어깨띠를 하고 있는 나를 보고서는 바로 말씀하셨다.

"어유, 여기 후보님이시구나. 마침 잘 왔네. 선거운동만 하지 말고 이런 것도 좀 도와줘요!"

나도 태연한 척 맞받아쳤다.

"아 그럼요! 집게를 주시면 저도 쓰레기 줍겠습니다!"

명함만 나눠주는 것이 선거운동이 아니었다. 우리 동네의 단체와 함께 호흡하며 현장에서 일하는 것도 나를 알리는 일이었다. 그렇게 주민자치위원회, 통반장협의회, 청소년지도협의회, 여성협의회 소속 주민들과 깊이 있는 대화를 시작했다.

"그나저나 후보님은 왜 시의원을 하려고 하세요?"

"이 하천에 특히 스티로폼 쓰레기가 많아. 나중에 시의원 되면 어디서 나오는 것인지 조사 좀 해 줘요."

"다음 주에 우리 새마을부녀회에서 바자회를 해요. 수익금은 불우이웃 돕는 데 쓰이니까 후보님도 와서 물건도 하나 사고 인사도 드리고 가요."

"다음 주에 독거노인 드릴 반찬 만들기도 하는데, 거기도 오시면 좋겠네."

그동안 알고 있지 못했을 뿐 여러 단체가 우리 동네에서 활발하게 활동하고 있었다. 시의원이 되어 주민을 위해 봉사하겠다고 했지만 나는 이분들처럼 현장에서 불우이웃을 돕고 동네 환경정화를 위해 발 벗고 나선 적이 있었나? 늦었지만 내가 할 수 있는 일은 이제라도 여러 단체에 가서 인사드리고 단체의 역할을 어떻게 행정적으로 뒷받침해 줄 수 있는지 알아보는 것이다.

나물을 캐는 줄 알았던 아주머니에게 인사드린 것으로부터 출발한 인연이 지역단체와의 연으로 이어졌다. 처음 주민단체에 입소문이 퍼지면서 상인연합회, 직능단체, 아파트 입주자연합회에서도 연락이 오기 시작했다. 빠르게 나에 대한 소문이 퍼지는 것을 실감할 수 있었다. 후보자로서 정식으로 초대받는 행사도 늘어났다. 공적인 일을 하는 주민단체는 정치적 중립을 지켜야 하기에 공개적으로 나를 지지한다고 말씀하지는 않으셨지만 어디를 가도 "장석호가 제일 열심히 해." 라는 말을 들을 수 있었다.

명함을 나눠주고 피켓을 드는 선거운동은 내 이름 석 자를 알리는 데 주력하는 것이지만 그것만으로 나를 알리기에는 한계가 있다. 현장에서 동네를 위해 묵묵히 봉사하고 있는 주민단체와 함께하면서 나에 대해 더 자세히 알리고 내가 만나지 못하는 유권자에게까지 내 소문을 퍼트릴 수 있었다. 현장 정치에 대한 감을 익히는 것은 덤이다.

눈에 보이지 않는 표를 좇는 과정처럼 선거는 어둡고 외로운 길을 걷는 것과 같다. 그 외로운 길을 걸을 때 한 줄기 빛으로 비추어 주는 존재가 조직과 단체다. 마냥 의존만 하고 있을 수는 없지만 후보에게 없어서는 안 되는 존재다. 드디어 동네에 나에 대한 소문이 퍼지기 시작했다.

알다가도 모를 선거법

우리나라에서 치러지는 공직선거는 공직선거법에서 그 틀을 규정하고 있다. 선거에 나오는 후보자는 공직선거법을 위반하지 않도록 법의 내용을 숙지하고 있어야 한다. 후보자가 공직선거법 위반 혐의로 징역형을 선고받거나 100만 원 이상의 벌금형을 선고받는다면 당선 이후라도 당선무효를 선고받을 수 있기 때문이다. 후보자뿐만 아니라 참모도 마찬가지다. 회계 책임자나 선거사무장이 정치자금법에 규정된 일부 조항을 위반해 300만 원 이상의 벌금형을 선고받더라도 상황에 따라 후보자의 당선까지 취소될 수 있다. 선거법을 잘 아는 참모가 필요한 이유이기도 하다.

불법행위를 옹호하는 것은 아니지만 살면서 모든 법을 지키고 살 수 있는 사람은 없을 것이다. 살다 보면 나도 모르게 법을 위반하는 경우가 생기곤 한다. 공직선거법 역시 마찬가지지만 몰랐다고 하기엔 감내해야 하는 결과는 쓰다. 후보자도 모르는 사이 공직선거법위반 혐의가 적발되어 억울하게 당선무효를 선고받는 사례를 뉴스에서 종종 볼 수 있다. 힘들게 얻었을 권력이 하루아침에 무너지는 것만큼 허무한 일도 없을 것이다.

공직선거법에서는 하지 말라는 행동들을 법과 규칙으로 정해 놓고 있다. 여기서 금지하는 것이 아니면 해도 된다는 뜻으로 읽어도 될까? 안타깝게도 그렇지 않을 수도 있다. 법조문에서 금지하고 있지 않더라도 법의 취지에 따라 금지하는 '유권해석'도 내리기 때문이다. 예를 들어 출판기념회를 개최하는 후보자라면 공연 식순에 축하공연을 할 때 전문연예인이 아닌 사람이 노래를 한두 곡 정도 부르는 것은 가능하지만 가수나 전문합창단의 축가 혹은 전문가 수준의 마술공연이나 전문 예술인을 초청하는 행위는 금지하고 있다. 여기서 '전문가 수준'이 무엇인지는 규정하고 있지 않다. 이 지점에서 개별 사안에 대한 선거관리위원회의 유권해석이 필요하다. 선거기간에 돌입하면 각 후보의 선거본부와 선거관리위원회의 전화 씨름이 시작되는 이유다.

선거관리위원회에서는 입후보 예정자에게 선거 개요와 선거법에 대해 안내하는 설명회를 개최한다. 공식적인 설명회이므로 후보자든 참모든 참석해 책자 수령과 참석 사인을 해야 한다.

설명회가 열리는 강당에 도착했다. 당선이 유력한 후보들이 곳곳에 보인다. 그중 한 후보가 나에게 인사를 했다.

"어유, 석호 씨. 열심히 한다고 소문이 자자하던데?"

이 후보는 현직 재선 시의원인데, 동네 마당발이라고 불릴 정도로 주민단체와의 관계가 깊은 분이다. 이분이 이렇게 이야기할 정도면 '그래도 열심히 했구나….' 하는 생각도 든다. 악수와 함께 눈인사를 했다. 여유가 있는 후보라 그런지 손도 따뜻했다.

선거관리위원회에서는 설명회에 참석한 후보자와 참모에게 '선거사무안내', '정치자금회계실무', '정치관계법 사례예시집' 등 선거 과정에 대한 이해에 도움을 줄 수 있는 책자를 배부했다. 책을 나눠주는 주무관님의 표정은 친절했지만, 권당 300페이지를 넘기는 책의 분량은 친절과는 거리가 멀었다. 게다가 오역의 여지를 주지 않기 위해 하나의 문장도 길게 늘여 쓰고 있었다. 법조문만 빼곡한 책치고 한 번 읽어보는 것으로 이해할 수 있는 책은 없다. 선거사무소 방문자를 위한 통상적인 다과의 범위, 홍보물 제작의 상한 단가, 선거 사무장, 선거 사무원의 수당과 실비 상한 금액까지 정해놓고 있다.

책을 읽다 보면 선거운동을 하기에도 바쁜데, 왜 갑자기 선거법 공부를 하고 있는지 의문이 들기도 했다. 그렇지만 문제가 될 것 같으면 선거관리위원회에 문의해야 한다. 사사건건 문의하는 것이 후보자와 선거 캠프에는 귀찮은 일이지만 제대로 확인하지 못 해 발생하는 문제는 후보자의 책임이 된다.

하루는 나를 응원해 주시는 가게에 인사를 드리기 위해 수행팀장님께 잠시 바깥에서 내 피켓을 대신 들어달라고 한 적이 있었다. 그런데 내가 건물 안으로 들어가는 순간 지나가는 차 안에서 누군가 우리의 사진을 찍고 있었다. '이제 우리를 지지해 주시는 사람이 SNS에도 우리 모습을 올려주시는구나.' 열심히 소문내 주시길 바라는 마음을 담아 나와 수행팀장님은 활짝 웃는 표정과 함께 즐겁게 손을 흔들었다.

그런데 며칠 뒤 선거관리위원회에서 연락이 왔다. 예비후보자가 아닌 사람이 피켓을 들어 선거법을 위반했다는 것이다. 심지어 현장 포착까지 완료했으니 조사를 받기 위해 선거관리위원회로 오라는 연락을 받았다.

차 안에서 우리 사진을 찍으신 분은 내 팬이 아니라 선거관리위원회 소속 공정선거지원단이었다. 예비후보자가 아닌 제삼자가 피켓을 드는 것은 선거법 위반에 달하는 행위였다. 내 팬이 아니라는 사실에 들었던 허무감은 둘째 치고 그토록 열심히 선거법 조항을 찾아봤는데도 실수를 하다니. 정치관계법 사례예시집을 두 번이나 정독했지만 피켓을 다른 사람이 들어서는 안 된다는 규정이 있는 줄은 몰랐다. 주무관님은 편하게 오라고 하셨지만 불편한 마음만 한가득 안고 선거관리위원회에 갔다.

아무도 없는 빈방에 먼저 들어갔다. 이렇게 대놓고 혼나러 온 적도 오랜만이다. 재미있게 선거운동을 하다가 이게 무슨 일인지… 긴장한 자세로 기다리고 있는 사이 계장님이 들어오셨다.

"후보님, 바쁘신데 불러 죄송합니다."

계장님은 '조사 중' 팻말도 급하게 만들어 문밖에 붙이셨다. 뭘 가지러 가시는지 세 번은 회의실 밖을 왔다 갔다 하시고 나서 방문을 닫았다. 조사가 시작됐다. 소음 때문에 에어컨도 끄고 핸드폰으로 녹음을 시작했다.

“혹시 조사받으신 적 있으신가요?”

“아니요…. 처음입니다.”

개미가 집으로 기어들어 가는 정도의 작은 목소리로 대답했다.

“아, 이렇게 하면 (녹음기에) 잘 들리지 않아서요, 좀 더 크게 말씀해 주세요.”

계장님은 말씀을 이어가셨다.

“열심히 잘하시는 모습이 보기 좋으시던데, 어떻게 이렇게….”

‘어떻게 이렇게….’ 라니? 이렇게 뭐 어떻게 된다는 것일까? 혹시나 선거운동 제대로 해보기도 전에 후보등록도 취소되는 걸까? 다리가 떨려오기 시작했다. 오만가지 생각이 들었다.

‘제발 후보등록만은 취소하지 말아 주세요. 회초리라도 맞을 수 있으면 맞을게요!’

계장님은 사진이 찍히게 된 경위부터 이전에도 이런 경우가 있었는지 물어보셨다. 후보자가 아닌 사람이 본선거 기간에 피켓을 드는 행동이 어떤 규정에 의해 선거법위반이 되었는지 설명해 주시고 내 소명을 모두 듣고는 계장님은 종이 한 장을 내게 내미셨다. 추후에 같은 일이 발생하지 않도록 하겠다는 ‘각서’였다. 각서까지 썼으니 한 번만 더 걸리면 그땐 경고로 그치지 않을 것이 뻔했다. 속으로 안도의 눈물을 머금은 채 각서에 도장을 찍은 뒤 나왔다. 온몸에 기운이 풀렸다. 후보등록이 취소되진 않았지만 이제는 선거법도 모른 채 선거운동을 하다 한 번 더 잘못하면 큰일이 날 수도 있게 되었다.

집에 와서 선거법 책을 찾아보니 '예비후보자가 아닌 제삼자는 피켓을 착용할 수 없다.' 라는 내용이 조그맣게 쓰여 있었다. 이 한 줄을 미처 파악하지 못한 탓에 선거관리위원회에 불려갔던 것이다. 퇴근시간이 다가오고 있었지만 피켓을 들고 나갈 기분이 들지 않았다. 오늘은 하루 쉬어야 겠다. 허탈한 마음으로 집으로 돌아왔다. 이후에는 조금만 헷갈리는 일이 있어도 선거 사무장과 함께 선거실무 책자를 참고하는 습관을 길렀다.

선거관리위원회는 현장에서 후보를 감시하는 역할도 하지만 사전에 선거법 위반의 소지를 파악하고 예방해 주는 역할도 한다. 거리 현수막과 홍보물을 제작하기 전에도 문의하는 것이 좋다. 기껏 인쇄를 했는데 선거법위반의 소지가 있으면 비싼 돈을 들여 다시 인쇄하거나 수정해야 하기 때문이다. 나 역시 선거 홍보물을 인쇄하기 전에 선거법 위반의 소지가 없는지 확인받기 위해 선거관리위원회에 문의했다. 몇 시간이 지나 연락이 왔다.

"후보님, 중요한 부분이 하나 있는데요…."

내가 미처 파악하지 못한 곳을 알려주었다. 국회 인턴비서 활동 이력 옆에 '(전)' 표시가 붙어 있지 않다는 내용이었다. 그대로 출력되었으면 현직 인턴비서라고 읽힐 소지가 있었다. 전직이냐 현직이냐는 중요하지 않은 것 같아도, 선거에 영향을 미칠 수도 있는 허위사실인 이상 심하면 고발 대상이 될 수도 있었다. 만약 '(전)'자가 입력되지 않은 채 40,000부가 출력되었다면 나는 수백만 원의 비용을 들여 전부 다시 출력하거나 4만 부의 홍보물을 일

일이 손으로 수정해야 했을 것이다. 실제로 오타 출력으로 인해 선거 때마다 수정테이프를 붙인다는 소식이 종종 들려온다. 한시가 급하고 정신없을 시기에 전력 손실을 볼 수 있으니 꼭 선거관리위원회에 확인하는 과정을 거쳐야 한다.

공정한 선거를 위해 노력해 주시지만, 이해가 가지 않는 적도 많았다. 선거법에 대한 유권해석을 내리는 과정에서 다른 지역 선거관리위원회에서는 되는데, 우리 지역 선거관리위원회는 안 된다고 하는 것들도 있다. 연방국가도 아니고 지역마다 법이 다른 것도 아닌데, 왜 다른 지역에서는 가능한 선거운동이 우리 동네에서는 안 되는 것일까? 법이 세상에서 일어나는 모든 일을 담을 수는 없기에 법령을 해석하는 과정이 필요하지만 최소한 잣대는 동일해야 하지 않을까? 이런 불편을 겪지 않기 위해 정당의 중앙당에서는 후보자들이 현장에서 혼선을 겪지 않기 위해 상급기관인 중앙선거관리위원회에 질의를 하곤 한다. 때로는 유권해석이 사람에 따라, 정부에 따라 달라지는 과정을 보며 어디로 튈지 모르는 칼과 같다고 생각했다.

선거법은 선거 기간을 제외하고는 쓸 일이 없어 능통한 사람이 많지 않다. 캠프 내부에 선거법에 대한 이해도가 높은 참모가 있으면 좋지만 그런 인재는 섭외 1순위가 된다. 선거 사무장이 실무를 맡게 되더라도 후보자 본인이 선거법에 대해 잘 숙지하고 있어야 한다. 결국 책임지는 것은 본인이기 때문이다. 잘 모르면 꼭 선거관리위원회에 확인하는 습관을 지녀야 한다.

상처에 익숙해지기

한가로운 주말 오후, 하천가에서 명함을 나눠주고 있었다. 특정한 목적지를 향하기보다 여유로운 마음을 가지고 가벼운 산책을 위해 나오시기 때문에 명함도 인사도 잘 받아 주신다. 신나게 고개를 숙이며 인사를 드리던 도중 저 멀리서 선글라스를 쓴 아저씨가 다가오셨다. 내 앞에 선 아저씨의 눈동자는 보이진 않았지만, 선글라스를 보며 웃으며 인사했다.

"안녕하세요, 우리 동네 시의원 나온 장석호입니다. 열심히 하겠습니다."

그러나 그 아저씨는 내 말을 단번에 끊으셨다.

"여기서 이런 짓 해도 되는 거예요?"

선거운동 2개월 경력의 내 촉으로 이 아저씨는 나를 찍어주기는커녕 시비를 거는 사람이라는 것을 직감했다. 하천가에서 선거운동을 하는 것이 선거법위반은 아니다. 그런데도 통행에 방해가 되지 않도록 산책로 바깥에서 인사하고 있었지만 선글라스 너머로 비치는 불쾌한 눈빛을 느낄 수 있었다.

"네, 가능합니다. 그래도 지나가시는 분들 불편하지 않도록 더 조심히 하겠습니다."

그 아저씨는 다시 이야기했다

"그냥 나가세요."

누구나 걸을 수 있는 하천에서도 후보자는 따가운 눈초리를 받기 일쑤였다. 이곳에서 선거운동을 하는 것이 선거법에 위반되지 않는다고 이야기했지만 나가라는 말만 반복하셨다.

"제가 더 넓은 곳에서 방해되지 않도록 하겠습니다."

그러나 그 아저씨는 대뜸 소리를 지르셨다.

"아, 그냥 나가라고!"

주위에 산책 나오신 분, 자전거 타시는 분들의 시선이 순식간에 우리에게 쏠렸다. 정치인들의 선거운동은 불편함의 대상으로 인식되다 보니 주민들의 시선도 호통을 치는 아저씨가 아닌 나에게 향했다. 단지 선거운동을 했을 뿐인데 죄를 지은 느낌이었다.

속으로는 반발하고 싶었지만 싸우는 모습을 보일수록 후보에게만 손해다. 어차피 찍어주지 않을 사람이라면 조용히 넘어가자. 시야에서 내가 사라져야 더 이상 이야기하지 않을 것 같았다. 나는 알겠다고 대답한 뒤 뒤돌아보지 않고 그곳을 빠져나왔다. 하천가 말고 선거운동을 할 곳은 많으니 상관은 없었지만, 내가 뭘 잘못했다고 이렇게 큰소리를 들어야 할까?

선거운동을 하면서 인사를 받아주는 반응으로 유권자의 성향을 나름대로 정리했다. 3분의 1은 반가운 미소와 함께 정중히 명함을 받아주신다. 3분의 1은 명함은 받아주시지만 무표정한 얼굴로 받는다. 나머지 3분의 1은 명함을 받지 않거나 표정을 찡그린 채 눈길조차 주지 않았다. 눈길이 닿지 않는 곳에서 따가운 시선을 느끼기도 한다.

좋은 기억만 담기도 부족한 머리에 안 좋은 기억은 빨리 잊는 것이 정신건강을 위해서도 좋지만 그게 쉽지는 않다. 그만큼 상처가 깊게 남은 것이다. 물론 나를 싫어하는 유권자도 생전 처음 만난 '장석호'라는 사람이 싫지는 않았을 것이다. 유권자는 갈등으로 얼룩진 한국 정치에 대한, 선거할 때만 나오는 정치인에 대한 뿌리 깊은 불신을 나를 향해 마음껏 표출한다. 모든 사람은 인격체로서 존중받을 권리를 가지고 있지만 선거에서 정당의 대표 선수로 출마한 후보자로 나온 이상 유권자가 보내는 냉소도 온몸으로 받아들여야 한다. 이는 출마자의 숙명이기도 했다.

하루는 놀이터에서 인사를 드리고 있었다. 정자에서 앉아 쉬고 있던 할아버지가 저 멀리서 나를 쳐다보는 것이 보였다. 내게 조금이라도 관심을 가진 분이라면 바로 달려가서 인사드려야 했다.

"안녕하세요. 명함 한 장 드리겠습니다. 시의원 출마한 장석호입니다."

"됐어요. 난 그 당 사람만 보면 욕만 나오니까 빨리 가세요."

알고 보니 우리를 욕하고 계셨던 것이었다.

"네, 알겠습니다."

조용히 자리를 떠나는 나의 등 뒤로 고성이 들려왔다.

"당신네들은 그냥 없어지는 게 나아. 마음 같아선 당신네 사람들 전부 다 쓰레기통에 넣고 싶어!"

차마 입에 담기도 험한 말이 귓속으로 들렸다. 그 할아버지와 같이 있던 할머니가 할아버지를 말리면서 우리를 보고 빨리 가라는 눈치를 주셨지만 이미 놀이터에서 놀던 아이들의 시선은 나에게로 쏠렸다. 단지 후보자라고 '쓰레기' 취급을 받아야 한다니. 경멸과 무시에 적응했다고 생각했지만 마음속에서 끓어오르는 분노를 참다 못 해 한마디 했다.

"저를 보신 적 있으세요? 제가 뭘 그렇게 잘못했나요?"

"어디서 말대꾸야?"

"아저씨가 쓰레기통에 들어가라고 하면 제가 들어가야 해요? 말 같지도 않은 소리 좀 하지 마세요."

그 순간 옆에서 우리를 지켜보는 시선이 느껴졌다. 놀이터의 주인공인 아이들이 나를 지켜보고 있었다. 분노를 참지 못 해 가만히 있던 아이들의 귀에 험한 말이 들어가게 했다. 가만히 있던 아이들은 무슨 죄인가? 분노를 속으로 삭이고 자리를 떴다. 사무실로 돌아온 뒤 생각했다.

"내가 실수를 했구나."

아무리 노력을 해도 적극적인 지지자를 만드는 것은 힘들지만 순간의 감정을 참지 못 하면 적극적 안티를 만드는 것은 한 순간이다. 한 표가 중요한 시기에는 절박한 사람이 참아야 한다. 다시 찾아가서 따질 것이 아니라면 얼른 잊는 것이 정신건강에 이로웠다. 그렇지만 아무리 미워도 세상에 마음껏 욕을 받아줄 수 있는 사람이 얼마나 될까? 모든 인간은 감정의 동물이다. 출마자도 마찬가지다. 바라건대, 멸망을 기원하고 싶어도 속으로만 해 주기를 바랐다.

유권자의 냉소에는 어느 정도 적응을 했지만 여전히 견디기 힘든 것이 있었다. 바로 나 자신과의 타협이었다. 처음 내가 정치인이 되겠다고 결심한 이유가 있다. 누릴 수 있는 권리를 보장받지 못 하는 사람을 위해, 법의 사각지대에서 강자 앞에 속절없이 무너지는 사람들을 위해, 다르게 태어났을 뿐인데 2등시민 취급을 받는 시민을 위해 출마를 했지만 실전에서는 유권자에게 잘 전달되지 않았다.

정치인도 선거에서는 정책과 이미지란 상품을 유권자에게 내놓고 표를 받아야 하는 장사꾼이다. 장사꾼도 팔릴 만한 물건을 내놓고 팔아야 하는데, 사람들에게 관심 없는 물건을 내놓고 사달라고 할 수도 없다.

웬만한 수도권 지역에서는 부동산 개발, 교통 인프라 건설이 선거의 큰 이슈다. 선거 때만 되면 너도나도 재개발을 해 주고 지하철역을 유치해 주겠다며 사실은 텅 비었을지도 모를 선물 보따리를 들고 나타난다. 우리 동네 역시 재건축, 재개발, 지하철 급행

노선 유치가 인기 공약이었다.

누구나 좋은 집과 교통이 편리한 곳에서 살고 싶은 욕망은 있다. 안전한 주거환경을 위해 낡은 곳은 철거하고 개발할 필요도 있다. 이런 공약의 대부분은 집값 상승이라는 욕망에 기초하지만 부동산 가격은 양날의 칼과 같다. 무분별한 개발은 가진 자의 배만 불려주고 전월세 세입자의 주거비 부담은 가중되어 양극화를 심화시킬 우려가 있었다. 개발의 과정에서 주거 약자와 원주민은 제대로 집도 마련하지 못 한 채 내쫓기게 된다. 잘살아 보자고 하는 일이 약자에게 독이 될 수 있는 것이다.

집을 가진 사람이라면 누구나 집값을 올려준다고 하면 좋아한다. 그렇지만 모든 정치인이 집값을 올려주겠다는 공약을 지키면 나라가 금방 망할 것이다. 정치인이라면 개발로 인한 장점과 단점을 냉정하게 분석하고 사회의 이익에 부합하는 결정을 내려야 하지만 일단 가진 자들의 욕망을 그대로 받아 적는다.

부동산 문제는 섬세하게 들여다봐야 하지만 안타깝게도 선거판에서 이런 접근 방식은 먹히지 않았다. 개발을 하자면 다 갈아엎어야 하고, 하지 않는다면 문화재보호구역을 대하듯이 털끝 하나도 건드려서는 안 된다는 '모 아니면 도' 식의 메시지만 남았다. 이런 극단적인 말은 이해하기는 쉽지만 왜곡되기도 쉽다.

출마자는 유권자의 절실한 열망이라는 칼을 가지고 선거기간 동안 신나게 춤을 춘다. 환호해 주는 유권자들의 모습에 취해 조금이라도 낡은 건물들은 전부 재건축해 주겠다고 한다. 차마 대놓고 집값을 올려주겠다고 말하기에는 창피하니 "명품 주거단지를 건설하겠다"며 포장하기도 한다. 물론 당선된다고 해도 공약을 지키기는 어렵다는 걸 후보는 알고 있다. 실제로 공약을 지키지도 못 한다. 결국 선거가 끝나고 남는 것은 또다시 떨어진 정치인의 신뢰도뿐이다.

사실 공약이 거칠어지는 것은 토론의 여지를 남기는 순간 상대 후보로부터 공격을 받을 것이 빤하기 때문이다. 생각해 보면 우리나라뿐만 아니라 다른 나라의 선거 풍경도 비슷하다. 어느 나라든 선거는 전쟁과도 같은데, 어디 말로 해결하는 전쟁이 있었나. 거친 공약을 쏟아내고 상대를 깎아내려야만 내 존재가 부각되기 마련이다. 그런 광경을 지켜볼 때마다 당선된 정치인의 공약이 지켜지지 않기를 바라야 하는 모순적인 감정만 들 뿐이다.

그렇지만 나는 당선이라는 욕망에 매달려 지키지도 못 할 약속을 하고 싶지는 않았다. 현실적으로 재건축이 어렵다고 생각했기에 재건축에 대한 공약을 이야기하지 않았다. 누가 먼저 물어보기 전까지는 재건축에 대한 입장을 이야기하지 않는 것이 내가 선택한 최선의 방법이었다.

종교시설 앞에서 인사를 드릴 때도 갈등에 시달렸다. 교회 앞에서 인사드릴 땐 "교회에 다니느냐?"는 질문을, 성당 앞에서 인사드릴 때는 "성당에 다니냐?"는 질문을 꼭 받는다. 나는 종교가 없다. 어릴 때부터 모태신앙이었고 10살까지 교회를 나갔지만 지금은 다니지 않는다. 친구 따라 성당에 네 번 정도 들어서 본 적은 있었지만 지금은 다니지 않는다. 그나마 관심이 있어 찾았던 절도 지금은 다니지 않는다.

우스갯소리로 정치인은 여러 종교를 믿는 것이 허용된다고 한다. 교회 가면 교인敎人이라고 하고 성당 가면 신자信者라고 하고 절 앞에서는 불자佛子라고 해도 된다. 이는 반대로 말하면 자신이 믿고 있는 종교가 있더라도 득표를 위해서는 마음껏 밝힐 수 없다는 뜻이기도 하다. 마음에 없는 소리는 잘하지 못 하는 나에게 선거라는 것이 어디까지 내 모습을 내려놓을 수 있는지, 어디까지 거짓말을 해야 하는지 시험하는 것처럼 느껴졌다.

세상을 바꾸겠다는 일념에 의지해 출마를 했지만 외부에서 가해지는 상처, 내 자아와 신념을 포기하는 과정에서 생기는 내적 상처에 둔해져야 했다. 사무실에 들어오면 나를 위로해 주는 훌륭한 참모와 지지자가 곁에 있었지만 외로운 마음을 떨칠 수 없었다. 권력을 쟁취하기 위한 진흙탕 싸움의 한가운데서 때로는 나 스스로 지키고 싶었던 존엄까지 내려놓을 준비가 되어 있어야 했다.

욕도 먹고 눈총도 받고 마음에 없는 소리를 하면서 표를 받아가는 행위, 그것이 선거판에 뛰어든 정치인의 숙명이다. "선거운동을 하다보면 앞으로 상처받을 일도 많을 텐데 기죽지 말자"며 나를 다독였다. 하지만 때로는 본질적으로 외롭고 잔혹한 이 길로 들어서기로 결정했던 내가 원망스럽기도 했다.

힘들 땐 잠시 쉬어가자

출마를 결심한 이후로 벌써 열 달, 선거운동을 시작한 지 두 달이 흘렀다. 예비후보 기간은 끝나가고 있었고, 본선거 기간이 다가왔다. 이제 한 달 후면 나의 긴 여정도 끝이 난다. 처음 선거운동을 시작할 때 패딩 점퍼를 입고 나왔는데, 이제는 반팔을 입어도 땀줄기가 등을 타고 흘러내렸다.

본선거 기간이 되면 모든 시간을 현장에서 유권자를 만나는 데 할애해야 한다. 때문에, 본선거 기간 전에 끝낼 수 있는 행정, 사무, 홍보업무는 전부 끝내야 했다. 선거 사무장과 함께 거리현수막과 홍보물의 디자인이 완성되었는지, 어깨띠 등 선거 물품이 알맞게 주문되었는지, 접수된 후보등록 서류에 문제가 없는지 마지막으로 확인했다.

선거가 다가올수록 피로감도, 초조함도 높아졌다. 하루 종일 동네를 돌아다녔지만 눈에 보이지 않는 표를 잡으려 하니 쉽게 지치기 마련이었다. 목표 득표율은 선거비용도 보전 받고 당선의 가능성도 높은 15%로 잡았지만 결과는 투표함을 열어야 알 수 있다. 선거운동을 마치고 사무실로 돌아오면 제대로 하고 있는 것인지 의문이 들었다.

혹시 나만 이런 생각을 하고 있는 걸까? SNS에는 '망망대해에 홀로 떠 있는 느낌'이라는 다른 후보의 글이 종종 올라온다. 나만 이렇게 생각하는 것은 아니었구나. 망망대해에 홀로 외롭게 떠다니고 있는 모든 후보들에게 멀리서나마 위로의 마음을 보냈다.

주위에서 "잘하고 있냐?"는 안부 전화도 하루에 몇 차례씩 받았지만 큰 위로가 되지는 않았다. 정확히 말하면 누군가의 위로로 안정을 얻는다면 제대로 선거운동을 하지 않는 것이라는 생각으로 머릿속으로 다른 생각이 들어올 틈조차 막은 채 쉬지 않고 달려왔다.

그러나 내 몸은 계속해서 한계에 다다르고 있다는 신호를 보내고 있었다. 선거운동만 마치면 사무실 소파에 쓰러지는 내 모습을 보며 점점 지쳐가고 있음을 느꼈다. 입술은 부르텄고 눈 밑에는 다크서클이 짙어졌다. 남아 있는 선거일을 계산하면서 하루하루를 버텼지만 내 얼굴을 보는 사람마다 한마디씩 했다.

"어유, 표정 보니까 많이 피곤한가 보네…."

"힘들면 조금 쉬었다 하지 그래?"

언젠가 나에게 조언을 해 준 선배님의 말씀이 떠올랐다.

"명함 받는 사람들은 상대(후보자)의 표정만 보고도 어떤 마음인지 다 알아. 후보자가 진심을 담아 인사하고 있는지, 어쩔 수 없이 명함을 돌리고 있는지, 피곤해서 얼른 들어가고 싶어 하는지…."

겉으로 드러나는 이미지가 중요한 정치인은 아무리 표정 관리를 잘 하려 해도 전부 티가 날 수밖에 없다.

하지만 한 사람에게라도 나를 더 알려야 했다.

"한 달만 참으면 되니까."

나 스스로를 설득했다. 대신 힘을 들이지 않고 인사하는 방법을 터득했다. 특히 출퇴근인사를 할 때, 허리를 숙일 때 눈을 감은 뒤 다시 허리를 펴면서 눈을 뜨는 것이다. 힘들 때는 쉬어야 한다는 인간의 본능을 애써 무시한 채 제동장치 없는 트럭처럼 앞만 보고 선거운동을 이어 나갔다.

본선거를 며칠 앞둔 날 저녁, 주민단체 모임이 있다고 해서 인사를 하러 가야 했다. 퇴근인사를 마친 뒤 택시를 탔다. 구름 한 점 없는 하늘의 저녁노을이 온전히 차창으로 쏟아졌다. 이런 노을, 정말 오랜만에 본다. 몇 달 동안 유권자의 눈만 볼 줄 알았지 하늘을 올려다 본 적이 언제였을까? 차창으로 쏟아지는 노을을 보며 저절로 눈이 감겼다. 그 순간 한 생각이 내 머리를 스쳐 갔다.

"이렇게 하다가 혹시 쓰러지지는 않을까?"

"여기서 쓰러지면 기사님이 나를 병원으로 데려다 주실까?"

사이드미러에 비친 내 얼굴을 봤다. 반쯤 감긴 눈에 거친 입술, 다크서클이 도저히 못 봐줄 수준이었다. 이런 모습으로 인사를 할 생각을 했다니, 나 제정신인가? 아니 사실 꽤 오래전부터 제정신이 아니었다. 한시가 아깝다는 이유로 애써 내 모습을 무시했을 뿐이다.

그렇지만 그 순간은 노을에 비친 내 얼굴에 지난날의 피로가 너무나도 적나라하게 드러나 있었다.

"기사님 죄송한데요, 저 탔던 곳으로 다시 가 주세요."

본능적으로 발길을 사무실로 돌렸다. 택시에서 내렸다. 힘이 풀린 다리를 부여잡고 겨우겨우 사무실로 걸었다.

"석호 씨~ 여기 와서 잠깐 인사하고 가요!"

감자탕집 아니면 카페 사장님 둘 중 한 분이 분명히 내 이름을 부르셨지만 뒤돌아볼 힘도 없었다. 사무실 문만 보였다. 다시 아무도 없는 사무실에 도착했다. 노을빛이 쏟아지는 창가 밑에 놓인 소파에 몸을 뉘었다.

처음 입당을 하고, 국회의원실에서 일했을 때를 기억해 보면 나도 많이 달라졌다. 권력에는 전혀 눈길도 주지 않던 내가 언제부터 당선을 위해 스스로를 혹사시켰을까? 도대체 권력이라는 것이 뭘까? 그래, 쓰러지는 사람의 손을 잡기 위해서였지. 그런데 내가 먼저 쓰러질 것 같았다. 선거 과정도 힘들어 하는 내가 정말 정치를 할 자격이 있을까? 도대체 나는 왜 정당에 가입했을까? 왜 정치를 하겠다고 했을까?

핸드폰을 켰다. 상대 정당에서 공천을 마쳐 경쟁 후보가 확정되었다. 내가 출마한 선거구는 3등까지 당선되는 선거구였는데,

큰 정당에서 후보를 각 2명씩 냈고, 나와 무소속 출마자까지 후보에 등록했다. 3명을 뽑는 선거에 총 6명이 등록을 했다.

우리 시의 다른 시의원 선거구 공천 현황을 보았다. 나와 함께 동네에서 청년정치 활동을 했던 사람들이 전부 공천을 받았다.

"나도 큰 정당에 갔으면 공천을 받을 수 있었을까?"

"나는 왜 작은 정당에 와서 이 고생을 하는 걸까?"

우리 동네는 아니지만 나의 첫 정치 현장인 대학생위원회에서 만난 사람들도 전부 공천을 받았다.

삼선 트레이닝복을 입고 "젊은 사람들이 열심히 해야 정치가 바뀐다"며 분위기를 띄우던 위원장 형은 지역구 의원, 본인이 거주하던 성신여대 근처에서 같이 분식을 먹으며 정치에 관심을 가지게 된 이유를 이야기했던 부위원장 누나는 광역의원 비례대표를 공천 받았다. 모두 큰 정당 소속 후보였다.

"다들 당선되겠네."

그 사람들이 겪었을 노력의 과정은 생각하지 않은 채 당장 고생하고 있는 내 처지가 억울했다. 나도 큰 정당에 들어갔으면 공천을 받을 수 있었을까? 처음 정당에 가입했을 때 친구가 "한자리 하려면 큰 정당에 가라"고 했을 때 갈 걸. 그때는 자리에 대한 욕심이 없었지만 지금만큼은 간절하다.

앞만 보고 달려오느라 애써 외면했던 자기연민과 외로움이 한꺼번에 사무쳤다. 얼굴 위로 쏟아지는 노을빛과 함께 눈물이 흘러나왔다. 혹여 누가 갑자기 사무실에 들어오기라도 할까봐, 초라한 내 모습을 보여주게 될까봐 두려웠다. 이불을 뒤집어쓴 뒤 한동안 눈물만 흘렸다.

어둠이 짙어졌다. 내 마음도 바깥 세계처럼 새카매졌다. 이 마음으로는 유권자의 얼굴을 바라보더라도 미소가 아닌 눈물이 나올 것 같았다. 초조함과 아쉬움으로 더 이상 나를 혹사시킬 수 없었다. 일단 나부터 살고 봐야 했다. 내일의 일은 나도 모른다. 집으로 가서 옷만 갈아입고 방바닥에 누웠다. 알람부터 끄고 잠자리에 들었다.

다음 날, 오랜만에 알람소리가 아닌 중천에서 내리쬐는 햇살이 내 잠을 깨웠다. 온몸이 쑤셨다. 침대는 식은땀으로 젖었다. 눈을 뜬 뒤 가만히 천장을 바라만 봤다. 몇 분 지나지 않았는데 전화가 왔다. 수행팀장님이다.

'조금만 있다가 전화하자.'

전화벨이 꺼진 뒤 핸드폰을 봤다. 시계를 보니 오후 1시가 다 되어가고 있었다. 내가 잠든 사이에 전화와 문자가 몇 통이나 왔다.

'석호 씨, 무슨 일 있어?'

'석호야, 일어나면 연락 좀 줘.'

'혹시 석호 씨가 너무 힘들면 그만 해도 돼.'

출근인사도 나오지 않고, 동네 선거운동에 출발해야 할 시간에 사무실에도 나오지 않으니 수행팀장님, 사무장이 나를 얼마나 걱정하고 있었을까?

방문을 열고 나갔다. 헝클어진 머리에 불어터진 내 입술을 본 동생은 무슨 일이 있었냐고 묻지도 않았다. 이미 내 얼굴이 지난 과정에 쌓인 피로를 말해 주고 있었다.

"오빠는 이렇게 고생하는데, 나는 회사 때문에 도와주지도 못하네. 본선거 기간에는 내가 휴가라도 내서 도와줄게."

고맙다는 말 대신에 나도 모르게 대답했다.

"선거가 이렇게 힘들 줄이야."

정신을 차린 뒤 수행팀장님께 연락했다.

"오늘은 제가 너무 힘들어서 쉬어야 할 것 같아요. 오늘은 푹 쉬기로 하고, 이따 저녁에 같이 밥 먹어요."

방에서 몇 시간 동안 잠을 청한 뒤 병원에서 링거를 맞았다. 그날 저녁, 수행팀장님과 감자탕집에서 식사를 했다.

"석호 씨, 많이 힘들지?"

"팀장님, 제가 아무 말도 없이 쉬어서 죄송해요."

"아니야, 괜찮아. 석호 씨가 힘들다면 지금이라도 접어도 돼."

"에이 그럴 리가요! 여기까지 달려왔는데 지금 쓰러질 수는 없죠!"

"그렇겠지? 내가 아는 석호 씨는 쉽게 쓰러질 사람이 아니야."

팀장님은 말씀을 이어 나가셨다.

"후보가 무너지면 그 선거는 끝이야. 다른 사람이 아무리 욕을 해도, 등을 돌려도, 후보는 무너지면 안 돼. 그게 체력이든 정신력이든."

맞는 말씀이다. 후보가 무너지면 그 선거는 끝이다. 아무리 초조하고 흘러가는 시간이 아쉽더라도 후보는 컨디션을 관리해야 할 의무가 있는 사람이다. 힘이 들면 쉬어가면 된다. 수행팀장님은 말씀을 이어가셨다.

"석호 씨, 만약에 출마하기 전으로 돌아간다면 그때도 출마할 거야?"

만약 1년 전으로 시계를 돌릴 수 있다면 나는 어떤 결정을 내렸을까? 선거가 힘든 과정인 걸 알았으니 출마하지 않았을까?

아직 선거가 끝난 건 아니지만 돌이켜보면 출마를 했기에 배울 수 있는 것들이 많았다. 사람이 얼마나 소중한지, 그리고 내가 보지 못 했던 삶의 현장들과 선거가 결코 호락호락하지 않다는 것도, 그 어려운 과정을 넘어 당선되어야 사회를 바꿀 수 있다는 것도 알았다. 출마할 때 가졌던 후보자에 대한 환상은 오래전에 깨졌지만 그것도 직접 겪어보지 않으면 알 수 없는 배움이었다.

작은 정당에 몸담아 출마한 것도 후회하지 않는다. 당선만을 위해서 나의 정치적 포부를 바꿀 수도 없다. 큰 정당 후보자와 작은 정당 후보자의 차이는 가는 길만 다를 뿐이다. 작은 길이 더 어렵지만 내가 선택한 길이다. 회피하면 거기서 끝이지만 극복하면 성장한 나를 발견할 수 있다.

지금까지 나에게 선거는 극복의 과정이었다. 힘들었던 만큼 성장한 내 모습이 보였다. 이제 조금만 더 참으면 나 자신을 뛰어넘는 날이 올 것이다.

처음 출마를 결심할 때와 비하면 이루어놓은 것이 많았다. 오히려 선거기간 동안 쌓은 노하우로 더 체계적으로 열심히 했을 것 같았다. 곰곰이 생각한 뒤 대답했다.

"아니요, 그래도 출마했을 것 같은데요."

그래, 조금만 더 힘내자. 이때까지 쉬지 않고 달려왔는데 본선거 기간을 앞에 두고 쓰러질 수는 없다. 컨디션이야 오늘처럼 조금이라도 쉬면 금방 회복된다. 힘들 땐 쉬어가면 된다. 낮잠을 한 시간이라도 자도 좋으니까 지치지 말고 더 열심히 해보자.

"석호 씨, 앞으로 석호 씨가 너무 힘쓰지 마. 원래 호객꾼이 시끄럽게 떠들고, 장사꾼은 조용히 가서 파는 거야."

수행팀장님은 호객꾼을 자처해 주셨다. 그래, 이렇게 나를 도와주시는 분들이 많은데 어떻게 결과를 눈앞에 두고 포기할 수 있을까? 이제 20일 남았다. 20일이 지나면 이 지긋지긋한 선거운동, 하고 싶어도 못 한다. 남은 20일, 신나게 해보자!

PART 4

전쟁의 시작

본선

전쟁의 서막

본선거운동 첫날의 아침이 밝았다. 새벽 5시 30분, 선거운동을 시작하고 처음으로 알람이 울리기도 전에 일어났다. 오랜만에 걱정이 아닌 설렘으로 맞는 아침이다. 오늘부터는 거리현수막과 선거유세 차량까지 쓸 수 있다. 이제는 본격적인 홍보전쟁이다. 평소처럼 정장을 입고 운동화 끈을 동여맸다. 겉으로는 산뜻한 발걸음으로, 속으로는 비장한 마음을 다잡으며 집을 나섰다.

집 밖을 나서니 인쇄업체에 맡긴 내 현수막이 목 좋은 곳에 잘 걸려 있다. 거리현수막은 선거운동 시작일인 새벽 12시부터 걸 수 있다. 지방선거는 도지사, 시장, 도의원, 시의원, 교육감 등 선출 단위가 많다 보니 현수막의 개수도 다른 선거보다 월등히 많다. 유동 인구가 많은 교차로에는 네 방향 모두 층층이 겹쳐진 현수막을 보며 내가 잠든 사이 목 좋은 곳에 현수막을 걸기 위해 제작업체 사이에 벌어졌을 치열한 경쟁을 짐작할 수 있었다. 새벽부터 내 현수막을 달아주시고 지금은 주무시고 계실 제작업체 대표님께 문자로 감사인사를 드렸다.

출마하기 전부터 내가 태어나 자라온 곳에 내 사진과 이름이 걸리면 어떤 기분일지 상상이 가지 않았는데, 막상 보니 담담했다. 이미 많은 유권자들에게 내 이름을 알리고 다녀서 그런 것 같다.

유세차를 몰고 첫 유세 장소인 지하철역 앞으로 향했다.

오전 6시, 출근하시는 분들이 한 분 두 분 지하철역으로 들어갈 즈음 도착했다. 이미 다른 정당 도의원 후보의 트럭이 주차되어 있었다. 뒤에 남은 자리가 있어 트럭을 세우려 했더니 선거운동복을 입은 한 아저씨가 나와서 우리가 트럭을 세우는 걸 막았다. 그리고 내게 다가왔다.

"여기 다른 유세차가 오기 때문에 주차하시면 안 돼요. 오늘은 다른 데 가서 하세요."

아저씨는 트럭을 세울 자리를 두 팔 벌려 막고 있었다. '먼저 온 사람이 임자'라는 관습법도 막무가내로 무시했다. 이야기를 듣자 하니 그 정당의 선거출정식을 이곳에서 진행할 예정이라 그 정당 소속 후보자의 유세차가 이곳으로 총출동한다고 한다. 곧 있으면 자기네 정당 트럭이 더 올 것이라는 것이다. 내가 먼저 왔더라도 자기네 정당 소속 후보의 유세차가 주차해야 하니 자리를 비켜달라는 뜻이었다.

그렇지만 나도 엄연한 후보다. 비록 나는 기초의원 후보이고 상대는 광역의원 후보라 선출 단위는 다르지만 이는 후보로서 자존심의 문제이기도 하다. 여기서 순순히 비켜나면 전쟁 초반부터 승기를 잃게 된다.

"제가 먼저 왔는데, 왜 여기 주차하면 안 되는 거죠?"

"아이 안 돼요. 오늘은 다른 데 가서 하세요."

아저씨는 점점 떼를 써가며 나를 대했다. 나도 후보인데, 이렇게 무시를 당하다니. 작은 정당 후보라고, 어리다고, 무시하는 건가?

"선거트럭은 오늘 새벽부터 움직일 수 있는데, 우리는 어젯밤부터 불법주정차 과태료까지 맞아가면서 댔어요."

아저씨가 창피한 자랑을 늘어놓는 사이 앞 유세차의 주인공인 후보님이 오셨다.

"아이고 장 후보님~ 고생 많으시죠?"

선거 전부터 시민단체 활동을 통해 얼굴을 익힌 후보였기에 인사는 반갑게 했다. 피치 못 할 사정이니, 오늘 한번만 양보해 주면 자기들도 나중에 나를 위해 양보해 주겠다고 한다. 그래. 선거 첫날 아침부터 싸우기도 싫고, 그 자리가 눈에 띄긴 하지만, 반대편에도 주차할 수 있었다. 자존심만 세우다가 반대편 자리마저 뺏길 수는 없었다. 차를 돌리려고 트럭에 올라서는 순간 주차 자리를 막고 실랑이를 벌였던 아저씨가 이야기했다.

"어? 혹시 후보세요?"

몇 달 동안 동네를 돌아다녔는데도 아직 내가 후보인 걸 모르는 사람들이 많구나. 그렇지만 이제는 갈 길이 멀다고 생각할 여유도 없다. 무조건 나를 더 알리는 것만이 나에게 남은 과제다. 지하철역 맞은편 횡단보도에 트럭을 주차했다.

선거기간이 되면 선거유세차량 등록 스티커를 차량에 붙일 수 있다. 그리고 스티커를 붙인 차량은 원활한 선거운동을 위해 어디든 주차할 수 있다. 불법주차를 해서 단속에 걸려도 과태료를 면제받을 수 있다. 불법주정차 구역이 정해진 것은 보행자의 안전과 교통불편을 줄이기 위해서지만, 법과 조례를 제정하는 정치인들이 본인들의 선거에는 면죄부를 주고 있는 현실은 꽤 모순적이었다.

내 유세트럭도 불법주정차 자유이용권을 붙이고 있었지만 어떻게 주차하면 교통불편을 유발하지 않을지 차를 이리저리 움직였다. 정식 주차구역은 아니지만 시야를 가리지 않으면서도 시선을 적당히 끌 수 있는 위치에 겨우 주차했다. 주차에만 30분의 시간을 허비해 버렸다.

드디어 아침 7시가 되었다. 각 후보의 비밀병기인 유세 음악이 트럭에서 흘러나오기 시작했다. 유세트럭에 장착된 스피커(확성장치)는 오전 7시부터 재생할 수 있었다. 내 선거구에서는 유세 음악을 재생하는 트럭이 10대가 있었다. 예산 부족으로 스피커를 장착하지 못 한 내 트럭을 제외한 9대가 온 동네를 휩쓸며 아침부터 사람들의 평온한 일상을 휘젓기 시작했다. 물론 이는 13일간 이어질 노래자랑의 서막이었다. 2년마다 한 번씩 찾아오지만 참가자(후보자)만 신나는 노래자랑에 관객(유권자)의 반응은 또 시작이냐는 듯이 시큰둥했다.

선거 차량의 스피커도 유권자에게 불편을 주지 않도록 일정 데시벨을 넘기지 못하도록 정해져 있다. 문제는 그 데시벨 제한이 지나치게 후보자 중심적이라는 점이다. 가까이 가서 몇 분 들으면 금방 고막이 상할 것처럼 큰 소리를 뿜어내고 있었다. 유세차 불법주정차 자유이용권과 데시벨 제한 규정을 보니, 출마자들이 최대한 많은 사람에게 자신을 알릴 수 있는 방법을 정해놓고 그 수준까지 법제화하는 것처럼 느껴졌다.

어제까지만 해도 고요했던 동네가 하루아침에 알록달록한 거리현수막과 유세차, 피켓을 들고 율동하는 선거운동원들로 뒤덮였다. 겉모습만은 축제현장을 방불케 했다. 나는 예산이 부족해 다른 후보들이 8명씩 고용하는 선거운동원도 4명만 고용했다. 하지만 이마저도 후원자가 아니었다면 꿈도 못 꾸었을 일이다. 멀리서 후원자가 보내주는 응원의 텔레파시를 받으며 명함을 나눠주기 시작했다.

본격적인 선거운동이 시작되자 유권자들의 반응이 달라졌다. 나를 쳐다보는 시선부터 명함을 받는 동작까지 더 적극적인 사람들이 많았다. 나에 대해 궁금해 하는 사람들의 질문과 응원도 받을 수 있었다.

“아, 후보님이시구나. 파이팅하세요.”

"저도 명함 한 장 주세요."

장사가 잘되는 가게의 사장님이 이런 기분일까? 관심을 보내주시는 시민들 덕분에 힘을 내서 아침 출근인사를 마쳤다.

간단하게 아침을 먹고 선거운동을 위해 다시 사무실을 나섰다. 아침부터 거리 곳곳에 선거벽보를 붙이는 사람들이 보인다. 내 포스터 역시 붙어 있다. 다른 후보에 비해 눈에 잘 띈다는 생각이 들었다. 역시 눈에 도드라져야 한다는 생각으로 내 얼굴을 크게 넣고 하얀색 배경을 쓰지 않기를 잘했다는 생각이다.

걸음을 옮겨 시장에 도착했다. 석 달 동안 꾸준히 찾았던 곳이지만 역시 본선거운동이 시작되니 나를 바라보는 시선이 달라졌다. 이제 나도 현장선거운동을 세 달이나 한 경력자다. 어떻게 다가가야 유권자에게 부담을 주지 않으며 나를 잘 인식시킬 수 있는지 감을 익혔다.

시민들로서는 선거 명함을 나눠주는 정치인은 웬만하면 피하고 싶은 대상이다. 그 불편한 반응을 무릅쓰고 다가가야 한다. 먼저 웃는 모습으로 눈을 마주쳐야 한다. 그다음 1초의 눈빛 교환이라도 나누는 것이 중요하다. 그 '1초'라는 찰나에 일말의 호감이라도 만들 수 있다면 명함을 받거나 인사도 받는다. 그 '1초'로부터 후보에 대한 관심이 생겨난다.

대부분의 유권자는 후보자들의 눈빛을 피하려 하지만 후보자는 유권자의 눈빛을 따라가야 한다. 옆에서 보면 안타까울 정도지만 기억에 남기지 않는 것보다는 낫다. 선거 때가 되면 한국정치를 향한 불신의 눈빛도 더욱 거세진다. 하지만 이제는 상처받을 시간도 없다. 내게 주어진 사명은 내 기호와 이름을 알리는 것뿐이다.

선거기간에 돌입하면 유권자의 질문도 날카로워진다. 첨예하게 입장이 갈리는 주제도 거침없이 물어본다. 후보로서는 난감할 때가 많지만 질문을 하는 것은 유권자의 권리다.

마주치고 인사하는 사람마다 뽑아준다고 이야기해 주면 참 좋겠지만 그건 나의 희망사항일 뿐, 그랬다간 우리나라 정치의 수준도 떨어질 것이다. 사적 관계가 아닌, 나와 공동체의 이익을 얼마나 잘 대변할 수 있는지 테스트하기 위해 송곳 같은 질문을 하는 것은 유권자의 역할이다. 유권자의 견제 역할 덕분에 우리나라 정치가 그나마 발전할 수 있었다.

어려운 점은 질문의 수준은 높아지지만 답변 시간은 짧다는 점이다. 예비후보자 기간에는 유권자의 질문에 최소한 1분 정도는 대답할 시간이 주어졌지만 본선거 기간이 되면 대부분 30초 이내로 답변해야 한다. 그 30초 안에 어떤 질문에도 프로답게 대답하고 나의 포부를 기억시켜야 한다. 단순한 대답만 하면 인상이 남지 않기 때문이다.

그중 어려운 질문도 있다.

"후보님은 이 동네의 가장 큰 현안이 뭐라고 생각하세요?"
"왜 그 정당에서 출마하셨어요?"
"왜 젊은 나이에 정치하세요?"

의도를 파악하기 어렵고 유권자의 정치적 성향에 따라 반응이 달라지는 질문은 잘 대답한다고 해봐야 본전이다. 술에 술탄 듯, 물에 물탄 듯 답변하면 기억에 남지 않는다.

나는 유권자들의 기억에 나를 각인시키기 위해 내 생각을 솔직하게 이야기했다. 그렇지만 답변 제한시간은 길어봤자 30초다. 나에게 3분만 시간을 주신다면 설득할 수 있겠지만 유권자는 답이 길어지면 대부분 잘 듣지 않게 된다. 이 짧은 시간에 다른 후보는 부각하지 못 하는 나만의 강점을 어필하는 답변을 생각해야 한다. 부정적인 말은 빼고 다른 후보와 차별화하며, 나만의 장점을 어필할 수 있어야 한다.

"정치가 시민의 수준을 따라가지 못 하고 있습니다. 특권의식에 물든 정치 제가 제대로 타파하겠습니다!"

"○○당이 권력에 줄 서지 않고 현장에서 일할 수 있어서 ○○당에서 출마했습니다."

"젊어서 빚진 것이 없습니다. 일을 시키기에 딱 좋은 나이이기도 합니다. 열심히 하겠습니다!"

이런 대답을 들은 대부분의 사람들은 시큰둥한 반응 절반, 응원하는 반응 절반이다. 사실 이런 정치철학을 밝혀야 하는 질문에 정답은 없다. 도저히 나를 찍어줄 것 같지 않은 사람이 내 시간을 뺏으려 하는 경우도 있고, 내 태도를 시험하기 위해 질문을 던져보는 사람도 있다. 질문은 같지만 모범 답변은 다르다. 유권자의 특성을 파악한 후 적절한 답을 하면 된다. 애매한 말로 의문점을 남기기보다 틀리더라도 자신감 있는 모습을 보여주기만 해도 본전이라고 생각했다. 비록 유권자가 등을 돌린다고 해서 이제는 상처받을 시간도 없다. 빨리 잊고 한 명의 유권자에게라도 더 나를 알리는 것이 내게 남은 임무였다.

예비 선거운동 기간에는 나름 정책도 홍보하고 나의 다채로운 모습을 알리는 데 힘을 썼다면, 본선거운동 기간에는 기호, 이름, 구호만 남았다. 그 이상의 것을 설명할수록 유권자의 인상에 남지 않기 때문이다.

"몇 살이에요?"

"28살입니다. 일 시키기 딱 좋은 나이죠? 기호 3번입니다. 장석호입니다."

"결혼은 하셨어요?"

"시의원 당선되면 결혼하려고요. 꼭 좀 뽑아주십시오! 기호 3번 장석호입니다."

"어디 살아요?"

"시장 뒤편에 삽니다. 지금까지 시의원 뽑아놓고 잘 보이지도 않았죠? 앞으로 시장에서 자주 인사드리겠습니다. 기호 3번입니다."

"젊은 사람이 잘 할 수 있겠어?"

"젊은 만큼 열심히 할 수 있습니다. 기존 정치인과 다르게 일하겠습니다. 3번 장석호입니다!"

그렇게 본선거운동 첫날은 "안녕하세요", "3번, '장석호입니다." 만 이야기하면서 하루가 훌쩍 지나갔다.

본선거 기간이 되면 예비후보 기간과 다르게 각종 사회단체와의 만남도 잦아진다. 사회단체나 시민 정책제안단 등 정치인에게 공약을 제안하기 위해서다. 후보가 직접 참석해서 이야기해야 입소문을 타기 때문에 꼭 참여해야 한다. 기자님들의 연락도 받는다. 선거에 출마한 후보의 활동 내용이나 공약은 주목도가 높은 기사가 될 수 있기 때문이다. 작은 정당 후보라 기삿거리가 잘 안 된다는 것을 알면서도 연락을 주시는 기자님께 감사했다.

그날의 일정을 마치고 사무실로 돌아오는 길, 선거운동을 처음 해보신다는 우리 사무원님께서 말씀하셨다.

"내가 보니까 이거는 돈 있는 사람이 유리해."

선거운동 두 시간 만에 선거의 본질을 꿰뚫으셨다. 유권자 입장에서는 입고 있는 옷만 다를 뿐 후보들마다 다 비슷하게 보인다. 음악을 더 크게 트는 후보에게, 선거운동원이 더 많은 후보에게 자연스레 눈길이 가게 된다. 최대한 기가 죽지 않기를 바랐지만 다른 후보에 비해 초라해 보이는 것은 어쩔 수 없다. 그래도 웃으며 이야기했다.

"돈 없는 집에서 선거운동 하시게 해서 미안합니다."

"에이, 무슨 말씀이세요! 나는 정치는 잘 모르지만 인물은 우리 후보가 좋은 것 같아."

집으로 돌아가기 전 사무실 건물 1층에 있는 감자탕집에 가서 감자탕을 시켰다. 잠시 사무실에 올라갔다 오는 동안 감자탕이 나왔다. 사장님께서 다가오시더니 말씀하셨다

"무슨 인덕원역에서 피켓 카피(?) 타이틀(?) 이야기를 한 사람이 전해달라고 하네요."

피켓? 카피? 인덕원역? 무슨 말이지? 아, 맞다! 예비후보자였을 때 피켓을 들고 있는 내게 슬로건에 대해 피드백을 말씀해 주신 아저씨가 생각났다. 그분이 사 주셨다는 거구나. 어떻게 그분이 여기 계실 수가 있지?

"혹시 언제 나가셨나요? 나가신 지 오래 되었나요?"

"아니요. 금방 전에 나가셨어요."

얼른 가게를 뛰쳐나갔다. 저 멀리 횡단보도에서 신호를 기다리고 계시는 아저씨의 뒷모습이 보였다.

"선생님! 그냥 가지 마세요!"

다행히 그 아저씨는 나를 보고 나서 활짝 웃으셨다.

“오늘 저녁에도 봤어요. 늘 잘 보고 있어요. 기대할게요.”

풀어진 와이셔츠에 지친 다리로 버티면서 연신 감사인사를 전했다.

“정말 감사합니다. 꼭 기대를 저버리지 않겠습니다. 제가 지금은 감사하다는 말밖에 드릴 수 없지만, 꼭 당선으로 보답하겠습니다! 조심히 들어가시고, 꼭 즐거운 주말 되세요!”

아저씨는 나에게 엄지를 치켜세워 주셨다.

예상치 못한 복병, 미리 챙겼으면 좋았을 것들

선거가 막바지에 가까워질수록 새로운 전략을 세우더라도 실행할 시간이 부족하다. 선거의 판세를 뒤집을 수 있는 대형 작전도 중앙언론에 나타나지 않는 이상 유권자에게 전달되는 데 시간이 걸린다. 새로운 전략을 준비하기보다 기존에 세운 전략을 활용해 하루하루 흘러가는 시간을 붙잡아 나를 알리는 데 주력해야 한다. 즉 선거 전략은 본선에 돌입하기 전에 완성되어야 한다.

그러나 본선거 기간이 되니 미처 준비하지 못해 아쉬웠던 부분들이 발생했다.

온라인 홍보

시대가 변하면서 온라인을 매개로 이루어지는 소통이 주요 소통 채널이 되었다. 몇 십 년 전까지만 하더라도 정치인들은 큰 광장에서 유세를 했고, 그 유세를 직접 보기 위해 수십만 명의 청중이 몰려들었다. 하지만 지금은 그런 모습을 상상할 수 없다. 굳이 더운 날 땀 흘려가며 광장에 가서 듣는 말이나 집에서 간식 먹으며 인터넷을 통해 보는 말이나 다 똑같은 말이기 때문이다.

선거뿐만 아니라 이슈를 전파하는 데 있어 온라인 공간의 비중이 점점 더 커지고 있다. 예비후보자로 등록한 뒤 나를 홍보하기 위해 블로그를 개설했지만 실제로는 현장선거운동에 매진하느라 관리에 소홀했었다. 선거 100일 전부터 하루에 게시글을 하나씩 올려 내 모습을 많이 알려야겠다고 생각했으나, 현실은 3일에 글 하나 올리기도 버거웠다. 선거 사무장이 홍보 업무까지 담당하고 있었지만 블로그를 관리할 여력은 없었다. 온라인 홍보만 전담하는 사람이 있었으면 좋았겠지만 이 역시 비용이 수반되는 일이다.

본선이 되면 각종 포털 사이트에서 공직선거 후보자의 이름만 검색해도 선거관리위원회 등록 정보랑 연계하여 기초정보를 볼 수 있도록 해 준다. 여기에는 후보자의 SNS도 연계할 수 있었다. 경쟁 후보자는 블로그를 하지 않았기에 젊은 후보자인 내가 블로그를 잘 관리했다면 나를 잘 알릴 수 있는 기회로 삼을 수 있었을 텐데 아쉬웠다.

블로그 관리를 제대로 하지 못했음에도 본선거 기간에 돌입하니 하루에 100명이 넘는 사람이 방문하는 날도 있었다. 예비후보일 때 블로그에 찾아주는 방문자도 20명 수준이었던 것을 감안하면 유권자들의 관심도가 온라인에서도 높아진다는 것을 방문자 통계가 증명하고 있었다.

선거관리위원회에 후보자 등록을 할 때는 프로필 사진을 찍기 전이라 전에 가지고 있던 증명사진으로 제출했는데, 인터넷에는 그 증명사진이 올라갔다. 이렇게 많이 찾아오실 줄 알았으면 프로필 사진으로 바꿀 걸 하고 생각했지만, 이미 늦었다.

오프라인은 내가 마주하는 사람에게 일일이 다가가서 내 존재를 알려야 하지만 온라인에서는 반대다. 후보가 궁금해서 검색해서 들어오는 '적극적 관심층'에게 홍보할 수 있는 기회다. 그분들을 위해 블로그에 미리 많은 정보를 올려뒀어도 좋았겠지만, 그러지 못한 아쉬움이 남았다. 부랴부랴 본선거 기간에 사무장이 블로그에 글을 올렸지만, 글의 개수는 50개를 넘기지 못했다.

네거티브

나는 선거를 하며 네거티브는 절대 하지 않겠다는 다짐을 했었다. 누군가를 깎아내려서 얻는 이미지는 진정 나를 대변하는 이미지가 되지 않을 것으로 생각했기 때문이다. 그렇지만 'Negative' 라는 단어 자체가 부정적일 뿐, 반감을 일으키지 않는 범위에서 잘만 활용하면 나를 적극적으로 알릴 수 있는 도구로 활용할 수 있었다. 또한 상대가 나를 공격할 때 반박할 수 있는 논리도 마련해야 했다.

선거기간 동안 떠도는 입소문을 가장 먼저 듣고 취합하는 곳이 선거운동원 분들이다. 온종일 동네를 돌아다니며 나를 홍보해 주시기 때문이다. 어느 날, 선거운동을 마치고 한 선거운동원님이 이렇게 말씀하셨다.

"후보님, 근데 후보님이 경험이 없다는 말이 들리는데, 괜찮나요?"

"네? 어디서요?"

유세를 다니다 다른 후보의 선거운동원이 주민들이랑 이야기하며 나에 대해 경험이 없어서 안 된다는 이야기를 했다는 것이다. 나는 해명할 수 있지만, 문제는 그 소문을 듣고 단순히 아니라고 항변만 해야 하는 선거운동원의 입장이었다. 내가 가진 약점에 대해 더 자세히 분석하고 그에 대응할 수 있는 무기를 직접 만들어야 했는데, 그 과정이 소홀했다.

선거전에 돌입하면 온갖 네거티브와 마타도어가 난무한다. 상대 후보를 당선되지 못 하게 할 목적으로 비방하는 것은 법적으로 금지되어 있지만 그것이 '진실한 사실로서 공공의 이익에 관한 때에는 처벌하지 않는다'는 예외 규정이 있다. 공공의 이익에 관한 관점은 다양하지만 선거기간에는 그 관점을 정의하다 선거가 끝나버리게 된다. 그렇기에 원색적인 비난이 아닌 사실에 기반한 내용을 바탕으로 나의 강점을 살릴 수 있는 논리, 나에게 들어오는 공격 포인트가 무엇인지 미리 잘 파악하고 반격의 메시지를 준비하는 것도 중요했다.

선거법 위반

선거기간이 되면 온 신경이 곤두서게 된다. 예비후보 시기가 아닌 본선거운동 시기에 선거법을 위반하는 상황이 발생하면 심적 부담이 상당하다.

사전투표일에는 투표권 보장을 위해 사전투표소 100미터 이내에서는 유세차가 유세 음악을 재생할 수 없다. 그런데 사전투표소 문 바로 앞에 서서 음악을 틀고 있는 상대 후보의 차량을 발견했다. 그 자리에서 선거관리위원회에 신고를 했다. 내가 아닌 상대방이 선거법을 지키지 않는 현장을 봐도 내가 선거운동에 뒤처지고 있다는 초조함이 밀려왔다. 이런 신고의 칼날은 나에게도 들어왔다. 사전투표일에 투표소 100미터 안에서는 선거운동이 금지되기 때문에 선거운동원도 그 안에 들어가서 선거운동을 할 수 없다. 그런데 사전투표일에 선거관리위원회에서 전화가 왔다.

"후보님. 신고가 들어왔어요. 선거운동원 분들이 사전투표소 100미터 안에서 선거운동을 하고 있다고 합니다."

신고가 접수된 위치를 물었다. 우리 선거운동원님들이 계신 곳이다. 아침에 사전투표소에서 100미터 떨어진 곳을 가리키며 안쪽으로 들어가면 안 된다고 했는데… 바로 선거운동원님께 전화를 드렸다. 신고가 들어왔다며 혹시 100미터 안으로 들어갔냐고 물었더니, 잠깐 쉬는 동안 100미터 안쪽에 있는 의자에 앉아 쉬셨다고 했다. 의자에 앉아 쉬는 것까지 누군가가 신고를 하고 있었다.

선거기간 동안 신고를 가장 많이 하는 사람은 유권자가 아닌 선거법에 빠삭한 상대편 후보 측이다. 선거운동 규칙을 상세히 아는 유권자는 거의 없다. 유권자는 사전투표소 앞에서 선거운동을 하더라도 신경 쓰지 않는다. 선거에 참여하는 모든 캠프의 신경이 곤두서 있었다는 것을 확인할 수 있었다.

선거 유세차

선거를 경험해본 사람이 빚을 내서라도 앰프를 사용하는 선거 유세차를 마련하는 것은 그만한 이유가 있었다. 선거 유세차의 유무가 홍보력에 큰 차이를 가져다 주었다.

선거 유세차량은 선거기간이라는 걸 알리는 대표적인 수단이지만 불편함을 호소하는 유권자도 많다. 아침부터 저녁까지 시끄럽게 울려대는 선거 노래가 평화로운 일상에 불편함을 주기 때문이다. 특히 낮잠을 자야 하는 아이나 밤에 일하고 낮에 수면을 취해야 하는 사람의 입장에서는 2주 동안 일상의 리듬이 깨지기도 하니 당연히 많은 반감을 불러일으킨다.

유세차가 음악을 틀고 지나갈 때면 창문을 열고 다양한 주민의 의견이 들려온다.

"애기가 자고 있으니까 소리 좀 줄여 주세요."

"아침부터 뭐 하는 짓이야! 소리 꺼!"

선거에 관심 없는 사람들에게 그저 짜증나는 소음에 불과할 뿐이다. 후보자의 홍보도 중요하지만 그만큼 유권자의 입장도 존중

받아야 한다. 일방적으로 소리만 키워서 하는 선거운동에 유권자의 입장은 고려되어 있지 않다. 비록 낮 시간이라고 해도 그 시간에 수면을 취하거나 조용히 휴식을 취하는 사람들이 있다는 걸 고려해 데시벨의 제한을 낮추는 등의 법적 규제가 더 필요하다고 생각한다.

하지만 과연 정치인들이 자기 손으로 자기 입을 막을 수 있을까? 선거는 한 표라도 더 빼어오기 위한 경쟁이 아닌가. 상대 후보가 하면 나도 해야 한다. 현재로서는 규정이 바뀌지 않는 이상 선거운동을 가장한 음향 폭력은 끝나지 않을 것이다.

소음으로 가득한 선거운동 행태에 문제의식을 느낀 일부 후보는 '소음 없는 선거'를 표방해 일부러 유세차량에 스피커를 달지 않거나 시끄러운 선거운동을 자제하는 모습도 보인다. 유권자의 반응도 좋다. 그러나 좋은 반응이 득표로 연결되지는 않는다. 선거를 많이 해본 후보들은 욕을 먹더라도 선거 유세차를 마련한다. 같은 노래를 하루 종일 반복해서 듣다보면 유권자도, 심지어 상대 후보인 나도 경쟁 후보자의 이름이 머릿속에 각인된다. 아무리 욕을 하는 사람이 많아도 표로 이어지게 되는 역설이다.

나는 이번 선거에서는 비용 문제로 유세차량에 스피커를 달지 못 했다. 겉으로는 소음 없는 선거운동을 하겠다고 했지만 다른 후보들의 차량 선거운동을 보면서 초조해지는 건 어쩔 수 없었다. 현재로서는 스피커를 마련한 뒤 욕먹을 각오를 하고 유권자의 불편과 홍보 그 사이에서 불편한 타협점을 찾는 것이 최선의 방법이다.

유세차는 사람 많은 곳에서 떠드는 것이 가장 효율이 높지만 너무 오랫동안 하면 역효과만 난다. 듣고 싶지도 않은 노래를 들어야 하는 유권자의 귀도 배려해야 한다. 유세차는 아이들이 많은 학교나 학원가가 아닌 곳에서, 불쾌감을 주지 않을 정도의 음량으로 30분 이내의 시간만 노래를 튼 뒤 다른 곳으로 장소를 옮기는 방법을 써야 한다. 넓은 동네에 갈 곳은 많다.

거리현수막 교체

지방선거의 선거운동 기간은 13일이다. 이 기간에 거리현수막이 동네에 걸리게 된다. 거리현수막은 모든 후보자 별로 걸 수 있는 개수가 동일하게 정해져 있다. 그런데 일부 후보자는 선거기간의 절반이 지날 즈음 정해진 현수막의 개수 안에서 현수막을 새로 교체한다. 유권자의 입장에서는 다른 현수막이 걸렸으니 자연스레 눈길이 더 간다. 선거기간을 불과 일주일 남겨놓고 새로 걸리는 메시지는 단도직입적이다.

'오랜 주민의 친구 Vs 낙하산 인사'
'땅 투기 의혹 있는 후보를 선택하시겠습니까?'

지역 정가에 얼굴을 비춘 지 얼마 안 된 후보를 겨냥하거나 특정 후보를 강하게 연상시키는 현수막을 마지막에 등장시킨다. 이런 네거티브성의 현수막은 선거관리위원회에 유권해석을 맡긴다. 상대 후보에 대한 비방은 금지되지만 공공의 이익에 부합하는 인물 검증에 해당하는 경우에는 쓸 수 있기 때문이다. 혹은 후보자의 공약이나 진심을 담은 현수막 문구도 보인다.

'한 번만 더 기회를 주십시오.'
'○○동 개발, 꼭 이루어 내겠습니다.'

네거티브, 정책, 후보의 진심 등이 유권자의 마지막 표심에 영향을 미친다. 선거를 일주일 앞두고 상대 후보가 진심을 담아 호소하는 현수막을 보고 밋밋한 표현으로 전락한 내 현수막을 바꿔야 하나 싶었지만 백만 원이 넘는 비용에 부담을 느껴서 하지 않았다. 돈이 없는 것이 마지막까지 아쉬움을 남겼다.

함께 하는 사람, 마음을 사야 표가 온다

한 장소에 고정돼 있는 선거벽보나 현수막이 아닌 선거운동원은 유권자의 이목을 끌기 좋은 선거운동 방식이다. 내 얼굴이 인쇄된 피켓을 들고 동네 구석구석을 돌아다니기 때문이다.

내가 출마한 선거에 고용할 수 있는 선거운동원의 수는 8명으로 정해져 있었지만 예산 때문에 4명의 선거운동원만 고용했다. 다른 후보와 비교해 내 이름과 사진이 절반만 노출되는 것이다.

이때 나를 도와줄 수 있는 사람들이 있다. 바로 자원봉사자다. 선거운동을 할 수 있는 사람으로서 대가 없이 선거운동을 하는 유권자를 이야기한다. 나를 알릴 수 있는 자원봉사자가 절실했다. 평소에 부탁을 잘 하지 못 하는 소심한 성격이지만 돈이 없으면 얼굴에 철판이라도 잘 깔아야 했다. 주위 사람들에게 선거운동 지원을 부탁했다.

"선배님, 선거운동 인력이 부족합니다. 시간 나실 때 한번 방문해 주십시오."

그 말을 들은 선배님은 내게 이렇게 조언하셨다.

"석호야, 시간 날 때 오라고 하면 아무도 안 와! 어떻게든 시간을 내서 오라고 해야지. 정치를 한다면 빚질 용기도 필요한 거야."

30년도 안 되는 삶을 살아오면서 나름대로 굴곡이 많았으나 남에게 부탁을 한 적은 별로 없었다. 남에게 부탁을 하거나 빚지지 않는 삶을 미덕으로 생각했기 때문이다. 하지만 정치는 이런 내 생각과 달랐다. 혼자 힘만으로는 할 수 있는 일이 별로 없었다.

선거에 출마한 뒤 지금까지 내가 가지지 못한 용기를 내 지인들에게 연락을 했다. 가장 먼저 시민단체 선배님들께서 달려와 주셨다. 아침 6시부터 트럭을 끌고 온 동네를 돌아다니셨다. 출근 시간에는 역 앞에서 목소리를 높이셨다.

"젊고 유능한 장석호, 꼭 뽑아주십시오!"

"안양의 아들 장석호, 꼭 뽑아주십시오!"

스피커를 마련하지 못 했으니 선거본부에서 쓸 수 있는 유일한 무기는 생목이다. 환갑이 넘으신 원로 선배님도 출근하시는 시민들에게 연신 허리를 숙이고, 트럭 뒷자리에서 창문을 연 채 지나가는 시민들에게 "3번! 장석호!"를 소리쳐 주셨다.

"죄송합니다. 스피커도 제대로 마련하지 못 해서요. 돈 없는 티를 너무 내네요."

"에이, 무슨 말씀! 우리는 신경 안 써도 돼. 오랜만에 나온 젊은 청년, 이번에 꼭 성공해야지."

아침부터 저녁까지 도와주시는 선배님들의 마음에 말로 표현할 수 없는 감사함을 느꼈다.

주말을 앞두고 아버지로부터 연락이 왔다.

"아무래도 나도 도와줘야 하지 않겠니? 내가 필요한 일 있으면 이야기해."

내성적인 성격인 아버지도 날 돕기 위해 오신다고 하셨다. 속으로는 누구보다 든든한 지원군을 얻은 느낌이었다.

주말이 되자, 내 전화를 받아주시고 기꺼이 시간을 내 주신 분들이 총출동했다. 중학교, 고등학교 친구, 당원, 가족, 친구들까지 와서 도왔다. 선거본부에서 정해 준 위치에서 인사를 하고 지지를 호소했다. 같이 길을 걸으며 내 이름을 불러주었다.

"제가 10년 동안 봐왔는데, 아주 된 사람입니다. 저보다 훨씬 나은 장석호, 꼭 뽑아주세요!"

가끔은 후보가 자기 자랑하는 것보다 주위 사람이 칭찬해 주는 것이 더 효과가 있다. 유난히 내성적인 동생도, 친구도 나를 위해 용기를 내 인파 앞에서 고개를 숙인다.

선거운동 경험이 있는 분들은 내게 부담을 주지 않으려 했다.

"나는 다 알고 있으니까 어디서 인사하면 되는지만 알려줘~"

역시 선거를 경험해 보신 분들이라 그런지, 방법을 빠삭하게 알고 계셨다. 30도가 넘는 폭염에 그늘도 없는 곳에서 세 시간 동안 내 이름을 불러 주셨다.

고된 선거운동이 끝나고 다 같이 모였다. 각자 다른 배경에서 다른 방식으로 살아온 사람들이지만 이 시간만큼은 나의 당선을 위해 하나 된 마음으로 모였다. 그러나 자원봉사자에게는 급여나 실비는커녕 음식물조차도 줄 수 없다. 대가를 지급하면 선거법에 위반되기 때문이다. 다 공정한 선거를 위한 과정이지만 이 순간만큼은 이 법이 얄미웠다.

"제가 음료수라도 사드려야 하는데 그러지 못 해서 너무 죄송합니다."

"에이~ 괜찮아! 나는 신경 쓰지 말고 남은 기간 조금만 더 힘내!"

꼭 피켓을 들거나 선거운동복을 입지 않아도 나를 묵묵히 응원해 주시는 분들도 계셨다. 명함을 나눠주던 중 유권자에게 이런 말을 들었다

"어? 후보님 명함 우리 집 문에 붙어 있던데 실물은 처음 보네요."

그 유권자는 내가 반가워서 해 주신 말씀이지만 명함을 집 문 앞에 붙이는 것은 선거법 위반이다. 명함은 꼭 사람에게 직접 나눠주라고 이야기했는데 수행팀장님이나 우리 가족이 열정에 넘친 나머지 집집마다 명함을 붙이셨나? 그 유권자는 집 앞에 붙어 있었다던 명함을 내게 보여줬다. 선거 초반에 쓰던 예비후보 명함이다. 혹시?

"혹시 어디 아파트 사시나요?"

"XX아파트 110동이요"

아! 선거운동 초반에 카펫을 치우시는 걸 도와드렸던 할머니가 동 대표로 계신 곳이었다. 그때 내 명함을 한 뭉텅이 가져 가셨지. 고이 두셨다가 선거 때가 되니 붙여 주신 모양이었다. 이름도 번호도 모르는 동 대표님을 이제 와서 찾아갈 수도 없는 노릇이지만 명함을 붙여 주시면서 어떤 생각을 하셨을지 상상해 봤다. 나도 모르게 웃음이 나왔다.

저녁을 먹은 뒤 야간 선거운동을 나갈 준비를 하면서 수행팀장님 등에 파스를 붙여주고 있을 때였다.

"그나저나 석호 씨가 인복이 많다고 했지? 나도 석호 씨랑 다녀서 참 복 받은 것 같아. 자기만 알고 콧대 높이는 사람이라면 난 금방 안 했을 거야. 초보지만 같이 부딪히면서 즐겁게 다닐 수 있어서… 그게 좋아."

수행팀장님은 말씀을 이어 나가셨다.

"석호 씨, 선거운동을 하다 보면 내 젊었던 시절이 떠올라. 내가 젊었을 때 영업사원으로 있었는데, 영업사원이 자기 실적을 채우기 위한 목적으로 고객을 대하면 고객들이 다 알고 떠나. 정치인도 비슷한 것 같아. 정치인들이 가장 착각하는 것이 뭔지 알아? 자꾸 표를 사려고 해. 영업사원이든 정치인이든 사람을 대하는 일을 한다면 마음을 살 줄 알아야 해."

그렇다. 영업사원은 실적을 먹고 살고 정치인은 표를 먹고 산다. 둘의 공통점은 무엇 하나 얻기 쉬운 것이 아니라는 점이다. 사실 선거 때가 되면 정치인은 표에 환장해야 한다. 모든 정치인은 표로 자신을 나타낸다. 선거를 농사에 비유하자면 더 많은 작물(표)을 수확(획득)한 사람이 이기는 게임이다.

하지만 수확물은 그냥 굴러들어오지 않는다. 좋은 토질에 씨앗을 뿌려 잘 관리해야 한다. 선거도 마찬가지다. 선거 역시 영업실적처럼 마음을 먼저 사야 했다.

"그래도 내가 볼 때 석호 씨는 잘한 것 같아. 만나는 사람을 표로 보지 않고, 존중하고 이야기를 잘 들어줄 줄 알았어. 너무 겸손한 것만 빼면 참 완벽한데…."

수행팀장님은 내 어깨를 두드려 주며 이야기하셨다.

"이번에 만약에라도 낙선한다면 그 뒤에 어디를 먼저 가야 할지 잘 생각해봐. 힘내라고 음료수 건네 준 초밥집, 옷가게, 꽃집, 경비 아저씨까지…."

순간 선거를 하며 스쳐 지나간 수많은 사람들이 생각났다. 내 명함을 강아지 목줄에 매고 주말 아침마다 산책을 하러 다닌 강아지 주인, 내 명함을 가게 메뉴판에 붙여 가게를 찾아주시는 모든 분이 볼 수 있도록 해 주신 식당 사장님, 내가 보이지 않는 곳에서 "장석호 팍팍 밀어줘야 한다"고 소문을 내고 계신 부동산 사장님, 늦은 밤까지 동네 지인들에게 전화를 돌린 당원님까지…. 함께 하는 사람들과 응원해 주시는 분들 덕분에 힘을 받아 여기까지 올 수 있었다. 혼자서는 절대 하지 못 했을 일이다.

"이번에 안 되더라도 4년 동안 기반을 잘 다져보라는 뜻이야. 정치인들이 그렇게 이야기하는 바닥민심이라는 것이 이렇게 중요한 걸 알았잖아?"

수행 팀장님께서는 내 낙선도 염두에 두신 것 같았다. 나도 겉으로는 티를 내지 않았지만 낙선에 대한 염두는 선거운동을 시작할 때부터 하고 있었다. 뚜껑을 열어보기 전까지는 아무도 모르지만 선거가 처음이신 수행팀장님도, 나도 느꼈다. 정치신인이 몇 년 동안 동네에서 활동했던 사람을 이기기는 어렵다는 사실을.

이제 선거가 일주일 남았다. 큰 흐름을 바꾸기는 물리적으로 어려운 시점에 들어섰다. 3등까지 당선이므로 불가능한 싸움은 아니지만 낙선이 된다면 내 노력이 부족했을 뿐, 이상해 할 것은 없었다. 수행팀장님의 말씀은 선거 때만 나오지 말고, 기반을 잘 다져놓으면 언젠가 훌륭한 정치인이 될 것이라는 덕담이기도 했다. 낙선되더라도 너무 상처받지 말자고 생각하면서도 투표일 이후에 당선되든 낙선되든, 어떤 느낌일지는 예상할 수 없었다. 전역을 기다리는 말년병장처럼 운명의 날이 며칠 남지 않았음에도 그 시간이 올 것 같지 않았다.

시장 앞에서 야간 선거운동을 마치고 집으로 가는 길, 모퉁이 분식집에 불이 켜져 있었다. 시장에 있는 가게 사장님 몇 분들이 영업을 끝내고 이야기를 나누고 계셨다. 문을 열고 들어갔다.

"안녕하세요~ 이렇게 늦은 시간까지 계셔요?"

"어머, 마침 후보님 얘기하고 있었는데, 석호 씨도 양반은 못 되나봐~ 와서 앉아요. 참외 하나 깎아줄게."

그렇게 모두가 잠든 밤, 식탁에 둘러앉아 진솔한 이야기를 시작했다.

"선거 해보니까 어때? 많이 힘들지?"

"네, 그러게요. 이미지를 위해서 힘들다고 하면 안 되는데, 해보니까 이렇게 힘들 줄 몰랐네요."

"그래도 잘하고 있어. 동네에 소문 많이 난건 알지? 정치인들 많이 왔다 갔지만 석호 씨만큼 많이 온 사람이 없어."

왜 정치를 시작했는지, 어떤 삶을 살아왔는지 이야기하다가 옆에 계신 분식집 사장님께서 물어보셨다.

"이번에 안 돼도 정치 계속할 거지? 그냥 보내긴 아쉬워서 그래."

오랜 시간 동안 시장에서 많은 정치인을 마주했을 사장님들은 일주일 뒤에 다가올 내 상황이 어느 정도 결정되었다고 생각하신 것 같았다.

"인물은 참 좋은데 당이 작아서 너무 아쉬워."

많이 들었던 이야기다. 그래도 내 발로 들어간 정당이다. 어렵고 힘들어도 내 길이다.

"괜찮아요, 작은 정당이지만 제가 원해서 들어온 곳이고요, 아직 선거 안 끝났지만 제가 정말 많이 배웠어요. 이렇게 좋은 분들을 많이 알게 된 것만으로도 저에겐 큰 배움이었습니다."

솔직한 마음을 이야기했지만 혹시라도 말이 현실이 될까봐 '낙선'이라는 단어를 입 밖으로 뱉을 수는 없었다. 대신 선거운동을 하면서 느꼈던 생각들을 진솔하게 털어놓았다.

"이번 선거를 통해서 누군가를 미워하기 위해 시간을 쓰는 것보다 나를 좋아해 주는 사람에게 감사한 마음을 표하기에도 인생은 짧다는 것을 알게 되었어요. 제가 우리 사장님께 늘 뽑아달라고만 했지, 언제 마음을 표현한 적이 있나 싶네요. 선거가 정말 힘든 과정인데요, 포기하고 싶을 때도 많았지만 사장님들께서 응원해 주신 덕분에 여기까지 달려올 수 있었습니다. 정말 감사드립니다."

박수와 함께 늦은 선거운동을 마무리했다. 역시 난 인복이 많은 사람이다.

마지막 스퍼트,
전쟁의 클라이막스

사전투표가 끝났다. 선거운동 기간은 3일이 남았다. 이제는 특별한 이변으로 대세를 뒤집기는 어렵다. 마지막 한 표를 끌어 모으기 위한 시기로 돌입했다. 사전투표일 이틀 동안 25%의 유권자가 투표를 마쳤다. 지방선거 투표율이 평균 60% 수준임을 고려한다면 절반에 이르는 사람들이 후보를 선택한 셈이었다. 이제 잘한 것보다 아쉬운 것들이 더 생각난다. 체력도 고갈되었지만 선거 후에 쓸 힘까지 미리 끌어다 썼다.

주말을 이용해 문자를 보내기로 했다. 지금까지 만나는 사람마다 번호를 물어봤는데, 세어 보니 500개나 되는 번호가 모였다. 처음 시작할 때 50명이었던 것을 생각한다면 괄목할 만한 발전이다. 더 모으지 못해 아쉽기도 하지만 내가 할 수 있는 수준에서 최선을 다했다. 포부와 공약을 짧게 담은 문자를 보냈다.

일요일 오후, 중앙당에서 스피커가 달린 유세차량을 끌고 지원 유세를 왔다. 다른 후보들이 하루 종일 틀어놓는 유세차 선거음악과 마이크를 나도 쓸 수 있었기에 든든한 지원군을 얻은 느낌이다. 현직 국회의원까지 오시는 일정이라 며칠 전부터 동네 곳곳에 홍보했었다. 방송사 카메라도 자리잡고 국회의원도 트럭에 올라서니 지나가시는 분들이 발걸음을 멈추고 나를 바라보셨다.

유세 트럭에 올라섰다. 시민단체 선배님, 가족, 당원, 지지자까지 많은 분이 유세트럭 옆을 지켜주셨다. 카메라는 내가 올라선 트럭을 촬영하고 있다. 이제 나도 어릴 적 소원을 이루는구나. 이렇게 이루게 될 줄은 몰랐다.

그러나 지금은 벅찬 감정도 찰나일 뿐이다. 텔레비전에 나오는 것보다 한 분의 유권자라도 눈을 마주치는 것이 중요하다. 국회의원의 지원 연설이 이어지는 동안 손을 흔들며 나를 보시는 분들에게 인사를 하고 있었다.

그때 저 멀리서 손을 흔들며 다가오시는 분이 계셨다. 선거운동 초반 넘어진 카트를 세워드렸던 요구르트 아주머니였다. 아주머니는 아무 말 없이 차가운 물 한 병을 나에게 건네주셨다. 물을 마시자 긴장된 마음이 녹아내렸다. 이제 내가 연설할 차례다. 많은 사람이 나를 지켜보고 있다. 조심스레 마이크를 잡아 연설을 시작했다.

"반갑습니다. 장석호입니다. ○○분식 사장님, 순댓국집 사장님, 요구르트 아주머님, OO고등학교 후배님들! 반갑게 손 흔들어 주셔서 감사합니다. 저 장석호, 혼자만의 힘으로는 이 자리까지 오지 못했을 것입니다. 응원해 주시는 주민 여러분 덕분에 오늘 이 자리까지 올 수 있었습니다. 진심으로 감사드립니다.

정치인들은 과장도 하고 거짓말도 한다고 하지만 저는 이 자리에서 한 가지 사실을 이야기하겠습니다. 저 장석호, 선거 때만 나오는 정치인이 되지 않겠다는 마음으로 지난해 겨울부터 안양시의원 후보 중 우리 동네 가장 많이 돌아다녔습니다. 등산로, 성당, 학교, 시장, 아파트 경비실, 경로당, 지하철역, 하천가 등등… 현장에서 많은 목소리 들었습니다. 지금도 마스크 자국 빼고 다 탔습니다.

그렇지만 저 장석호, 당선되고 나서 더 돌아다니겠습니다. 얼굴 새까맣게 타더라도 한 분의 이야기라도 더 듣겠습니다.

27살짜리가 잘 할 수 있겠냐는 말을 듣습니다. 비록 젊지만 국회 경력, 공인중개사, 부동산 시민단체에서 활동한 경력이 있습니다. 그럼에도 불구하고 주민 여러분의 입장에서 볼 때 정치 경험, 삶의 경험이 부족할 수 있습니다. 저에게 그런 부족한 점은 주민 여러분들께서 잘 채워 주십시오. 주민 여러분과 함께 성장하는 시의원 되겠습니다.

청년 심부름꾼 장석호, 우리 동네 시의원 3명 중 1명은 청년시의원 뽑으셔서 잘 써주십시오. 묵은지 시의회 갈아엎고 싱싱한 겉절이 같은 안양시의회 만들겠습니다.

어제 사전투표가 끝났습니다. 동네 곳곳에서 장석호 찍어주셨단 말씀 들었습니다. 기대에 실망시키지 않겠습니다. 그러나 아직 거대 양당의 벽을 넘기에는 저의 힘만으로는 조금 부족합니다. 내일모레 투표장에서 3번 장석호에 한 표, 가족분들, 친구분들에게 젊고 똑똑한 시의원 나왔다는 말씀 꼭 부탁드립니다.

정치교체 대표선수, 청년 시의원, 잘 써주십시오. 잘 쓰이겠습니다. 기호 3번 장석호입니다."

마이크를 끄자마자 주위가 순식간에 고요해졌다. 사람들은 고요한 공간을 박수로 채워 주셨다. 반대편 길가에 계신 상대후보 선거운동원님도 멀리서 엄지를 치켜세워 주셨다. 나의 진심이 잘 전해졌기를, 내 목소리가 물가에 떨어진 돌처럼 물결을 만들어 동네에 더욱 널리 퍼지기를 바랐다. 선거 전 마지막 주말의 집중유세를 마쳤다.

그날도 밤까지 명함을 나눠주었다. 수행팀장님이 나에게 물어보셨다.

"석호 씨, 이제 내일모레면 끝나는데, 솔직히 몇 퍼센트 받을 것 같아?"

"글쎄요, 10%는 넘지 않을까요?"

처음으로 이야기한 득표 전망이었다. 큰 변화를 기대하기 어려운 때가 돼서야 솔직한 마음을 공유했다. 진정 당선을 목표로 하고 있었다면 철저한 표 계산과 득표 전망에 따른 선거운동 전략을 세웠겠지만, 처음 목표인 15%는 무리일 것 같았다. 전/현직

의원이라는 막강한 후보와 치열한 선거 전략을 몸소 겪어봤기 때문이다. 15%가 넘어야 당선권인데 10%가 넘는다는 것은 사실상 낙선을 예상하고 있다는 나의 예감이었다. 계란으로 바위치기라는 것을 알고 있었다. 그럼에도 희망의 끈은 놓지 않고 있었다. 현장에서 마주하는 유권자의 반응은 좋았기 때문이다. 수행팀장님의 예상도 나랑 비슷했다.

"응 나도 그렇게 생각해. 그래서 그런지 선거 끝나면 왠지 아쉬움이 많이 남을 것 같아."

낙선이 된다면 아쉽게 떨어질 것 같다는 말을 우회적으로 하셨다. 매일 10시까지 인사하는 것은 나중에 남을 미련을 조금이라도 줄이기 위해 하는 것이었다. 지나가는 고등학생이 인사한다.

"어! 안녕하세요!"

이 학생도 벌써 다섯 번은 넘게 만난 것 같다.

"친구, 내일이면 이 선거운동도 끝나요."

"진짜 제가 아는 후보 중에 제일 열심히 했어요. 다음번에 만날 땐 형이라고 불러도 돼요?"

"그럼, 당연하지. 내 번호 하나 줄까? 선거 끝나고 연락해요."

버스 기사님이 지나가시며 경적을 울린다.

"장석호 화이팅!"

하시며 바나나우유를 던져주셨다. 이런 감동도 내일이면 끝이다. 술 취한 아저씨를 택시 태워 보내주고, 급하게 약을 사야 하는 분에게 심야 약국 위치도 알려주었다.

선거운동 마지막 날 아침이 밝았다. 여느 때와 같이 30도에 육박하는 날씨지만 땀은 나지 않았다. 아마도 긴장해서 그런 것 같다. 시민단체 선배님들은 마지막 날까지 오셔서 아침부터 저녁까지 내 이름을 외치셨다. 선거를 많이 경험한 입장에서 막바지 선거운동의 중요성을 알고 계신 것이다. 출근인사에 합류해서 같이 인사를 하고 중앙당 유세 트럭에 올라섰다. 서울로 가는 차량을 향해 손을 흔들었다. 창문 안에서 나를 흘끗 보는 눈빛과 마주치기 위해 아래로 내려가서 인사했다. 순간의 눈 마주침으로 내 진심이 전해지기를 바랐다.

오후가 되었다. 다시 트럭에 올라섰다. 마지막으로 마이크를 잡은 만큼 목소리에 더 힘을 주었다.

"시민여러분, 기호 3번 장석호입니다. 오늘이 마지막 선거운동일입니다. 그동안 시끄럽게 해서 정말 죄송합니다. 그러나 오늘 마지막으로 시민 여러분께 간곡하게 호소드립니다."

트럭에 올라타 동네를 한 바퀴 돌았다. 내 목소리를 듣고 여러 곳에서 나오셨다. 가게에서 뛰어나와 손을 흔드시는 부동산 사장님, 경로당에서 만났던 할머니도 반갑게 손을 흔들어 주신다. 초등학교 앞에서도 아이들이 손을 흔들어 준다.

"우리 엄마가 아저씨 뽑았대요!"

"고마워요, 아저씨 꼭 당선되고 학생들도 안전한 동네 만들게요!"

동네를 한 바퀴 돌고 왔다. 체력이 방전되어 금방이라도 쓰러질 것 같았다. 사무실까지 올라갈 힘도 없어 길바닥에 주저앉았다. 함께 트럭에 올라섰던 당원님이 나에게 에너지음료를 건네주셨다.

"마지막 날은 원래 박카스로 연명하는 거야."

이제 오늘이 마지막이다. 마지막까지 있는 힘을 쥐어짰다. 해가 점점 저물어가고 있었다. 선거운동 기간 그토록 피하고 싶었던 자외선과도 이제는 작별인사를 할 때다. 마지막 퇴근인사를 하기 위해 선거운동원, 가족, 참모, 선거운동원, 지지자들이 주민들이 많이 지나는 횡단보도 앞에 섰다. 나는 지하철역으로 갔다. 첫 선거운동을 시작한 그곳. 쭈뼛쭈뼛 서서 지나는 사람마다 인사를 했던 그곳. 매몰찬 시선도 받았지만 과분한 관심과 사랑을 받았던 그곳에 마지막으로 섰다.

"기호 3번 장석호입니다. 항상 행복하십시오. 항상 건강하십시오."

가장 간절할 마지막 선거유세인데 왜인지 모르게 뽑아달라는 말은 나오지 않았다. 마지막이라 그런지 내가 가장 하고 싶었던 말을 하고 있었다.

퇴근인사를 마친 뒤 내 선거운동을 하고 계신 분들에게 갔다. 길거리에는 노을과 함께 온 동네에 다른 후보의 선거유세 음악으로 뒤덮였다. 우리는 비록 조용하지만 가장 즐겁게 피켓을 흔들었다. 그렇게 두 시간이 흘러 후보자로서 만났던 태양과도 작별 인사를 했다.

“8시입니다. 이것으로 장석호 후보 공식 선거운동을 마무리하겠습니다!”

조직국장님이 공식 작전종료를 선포하셨다. 모두의 박수를 받으며 공식일정을 마무리했다. 한 분 한 분과 악수하고 사진 촬영을 했다. 이제 더 이상 쓸 일이 없는 피켓과 어깨띠, 옷을 반납 받았다. 선거운동원님들이 입은 조끼와 어깨띠에는 땀자국이 가득 묻어 있었다. 선거운동원분이 입을 옷을 여분으로 많이 준비했어야 했는데, 돈이 없다고 한 벌씩만 드린 것이 너무도 미안했다. 나와 선거운동원 모두 땀으로 가득한 얼굴로 마주 보고 있었다.

“정말 고생 많으셨습니다. 정말 감사합니다. 더 잘해드리지 못해 죄송합니다.”

이유는 모르지만 미안하다는 말과 고맙다는 말밖에 나오지 않았다.

“저도 후보님이라는 분을 알아서 참 좋았어요. 꼭 당선되셔야 합니다!!”

모든 사람이 모여 공원에서 기념촬영을 했다. 가족도, 친구도, 선거운동원도 모두 집으로 들어가셨다. 이제 다시 나와 ‘석호당 선기획단’만 남았다. 남은 시간도 인사를 드리기 위해 동네 술집 거리를 돌아다니기 시작했다.

“기호 3번 장석호입니다. 항상 행복하십시오. 항상 건강하십시오."

마지막까지 나를 알아봐 주시는 분들이 많았다.

"아이고 후보님, 내가 찍어줬으니까 걱정하지 말고 해."

밤 11시, 이제 길거리에는 사람이 없다. 주민들에게 빛 공해를 주지 않기 위해 불 꺼진 유세 트럭에 다시 올랐다. 가로등 조명이 비추는 곳 아래에서 지나는 차를 향해 인사와 함께 손을 흔들었다. 바람이 차갑다. 그래도 인사를 그만둘 수는 없다. 지난 1년의 과정이 머릿속에 조각조각 떠오르는 동시에 사라졌다. 처음 출마를 결심했을 때의 감정, 길거리에서 이유 없이 욕을 먹고 쫓겨났던 때, 내 손을 꼭 잡아주며 눈물 흘리던 할머니는 지금 뭘 하고 계실까? 지금 이 차를 몰고 가시는 분들은 다들 어디로 가시는 것일까? 집으로? 또 다른 일터로? 수많은 삶이 이동하는 사거리에서 열심히 손을 흔들었다. 어느새 12시가 되었다.

"자, 이제 철수! 모두 고생하셨습니다!"

이제 진짜 끝이다. 선거운동이 끝나면 눈물이 날 것 같았지만 눈물은 나오지 않았다.

'이제 결과를 기다리는 일만 남았구나.'

간단하게 맥주를 마신 뒤 고생하셨다는 악수로 선거를 마무리했다. 집으로 돌아오는 택시 안, 후보자들의 얼굴이 담긴 현수막이 고요한 도심의 도로를 지키고 있었다.

PART 5

마지막 여정

땀과 눈물의 시간 이후

운명의 시간이 오다

눈을 떴다. 오전 9시다. 알람도 꺼놓아 늦게 일어날 줄 알았는데 생각보다 일찍 일어났다. 잠든 사이 부재중전화가 왔다. 선거관리위원회다.

"안녕하세요, 부재중전화가 와 있어서요."

"아유, 일찍 전화를 받으셔서 다행이네요. 후보님 트럭이 길가에 세워져 있어요. 선거일에는 유세차가 없어야 합니다. 보이지 않는 곳으로 옮겨 주세요."

아참, 그랬지. 유세차는 선거기간인 어젯밤 12시까지만 쓸 수 있었다. 트럭을 사무실 뒤로 이동주차하기 위해 잠옷 차림으로 집을 나섰다.

어제까지만 하더라도 봉창 두들기듯이 온 동네 문지방을 울리던 선거음악은 한 소절도 나오지 않았다. 선거운동원은 한꺼번에 숨바꼭질을 하는 것처럼 사라졌다. 온 동네가 고요해졌다. 아파트로 둘러싸인 우리 동네에도 오랜만에 새소리가 들려왔다. 내가 이렇게 조용한 동네를 동네방네 들쑤시고 다녔구나.

고요한 만큼 편안함 마음과 함께 긴장감도 생겼다. 선거일까지는 모든 후보의 현수막이 걸려 있다. 이제 와서 보니 내 현수막이 제삼자의 관점에서 보이기 시작했다.

"이 동네에 교통환경 개선 공약이 괜찮았을까? 다른 공약을 하면 어땠을까."

아쉬움도 남았다. 물론 부질없는 생각이다.

트럭을 안 보이는 곳에 주차한 뒤 아무도 없는 사무실에 들어왔다. 어디서부터 손을 봐야 할지 모를 정도로 어질러져 있었다. 사무장도 선거 초반에는 사무실을 항상 치웠지만 선거 막바지로 갈수록 선거유세에 함께 했기 때문에 사무실을 치워 줄 여력이 없었다. 당선이 되도 낙선이 되도 이 사무실은 정리해야 하니 당장 버려야 할 것부터 치우기 시작했다. 빈 과자봉지, 필요 없는 서류, 더는 쓸 일 없는 선거용품들을 하나씩 정리했다. 다 버리긴 아쉬워서 나중에 기념할 수 있도록 하나씩만 챙겨 상자에 넣었다.

선거일 당일에 후보자가 할 수 있는 일이 몇 가지 있다. 문자를 이용한 선거운동은 선거일에도 가능했다.

'아직 투표를 하지 않으셨다면 소중한 한 표를 꼭 행사해 주시기를 부탁드립니다. 기호 3번 장석호입니다.'

마지막 호소의 메시지는 짧고 간결하게 보내라는 선배의 조언

을 생각해 단문으로 보냈다. 몇몇 답장이 오기 시작했다

"투표하고 왔어요. 힘내세요."

"고생 많으셨습니다."

경로당에 인사드리러 갔을 때 자기 딸은 절대 소개시켜 주지 않는다고 말씀하셨던 회장님도 문자를 보내셨다.

"방금 총각 찍고 왔어요. 내가 험하게 말해서 미안해요. 고생길에 올라선 게 안쓰러워 그랬어요. 고생 많았고 좋은 결과 있기를 바라요."

자기 자식을 정치인에게 보낼 수는 없다는 회장님의 마음을 이제는 나도 알 것 같았다. 최소한 장모님께 인사드리러 갈 때 입술이 부르틀 정도로 피곤한 몸으로 가지는 않으니 말이다. 그래도 회장님은 나를 묵묵히 응원하고 계셨다. 사윗감으로서는 좋은 점수를 받지 못해도 정치인으로서는 합격한 것 같아 기분이 좋았다.

선거가 끝나면 당선 감사 현수막이나 낙선 인사 현수막을 게시할 수 있다. 오늘이 지나면 당선 아니면 낙선이 될 텐데 어떤 결과를 맞더라도 유권자에게 감사인사는 꼭 전하고 싶었다. 내일부터 다시 정신이 없을 테니 미리 당선감사 현수막과 낙선인사 현수막 시안을 만들었다. 두 시안을 동시에 바라봤다. 내일 길거리에 둘 중에 어떤 것이 걸리게 될까? 이유는 모르지만 낙선인사 현수막 시안을 만드는 데 더 정성을 쏟았다.

내 정당 색깔의 옷을 입고 투표소 주변을 산책할 수도 있었다.

공식 선거운동기간이 아니기에 기호와 이름이 적힌 옷을 입거나 나에 대한 지지를 호소할 수는 없지만 단순히 정당 색깔의 옷을 입고 투표소 근처를 산책하는 것은 문제가 되지 않는다. 거기다 선거에 관심이 있는 유권자라면 내 얼굴을 알기 때문에 내가 돌아다니는 것만으로도 사실상 지지를 호소하는 효과를 누릴 수 있었다. 그렇게라도 나를 떠올려 주기를, 한 표라도 더 받을 수 있기를 바라는 마음으로 옷을 입고 산책에 나섰다.

사람이 많은 곳 주변의 투표소 근처를 산책했다. 이제는 지난 몇 달간 내 몸에 걸치고 다녔던 기호와 이름은 없다. 세 달 전의 내가 그랬던 것처럼 다른 시민들 사이에 섞여 걸었다.

선거운동 소지로 오해받을 수 있기 때문에 함부로 인사를 할 수도 없다. 지나가시는 시민들이 나를 쳐다봐 주신다. 말을 걸진 않으시지만 내가 후보인 줄 다 아시는 눈치였다. 몇 분은 다가와 나를 찍었다고도 말씀하셨다.

"감사합니다. 그동안 제가 많이 시끄러웠죠? 죄송했습니다. 그리고 정말 감사합니다."

산책을 마치고 다시 사무실로 돌아왔다. 꼭 오늘 해야 하는 일이 있었는데, 바로 유세차에 붙인 스티커를 떼는 일이었다. 트럭을 빌려준 대표님께 선거가 끝나면 바로 반납한다고 했기 때문에 오늘은 스티커를 다 떼어내야 했다. 구름 한 점 없는 오후 4시, 손톱으로 천천히 스티커를 떼기 시작했다. 내 기호도 찢기고, 내 이름도 찢기고, 내 얼굴도 찢겨나갔다. 구깃구깃 접어 쓰레기봉투에 넣었다. 트럭 전체를 덮어서 그런지 100리터짜리 쓰레기봉투가 두 개나 필요했다. 마침 사무장도 사무실 정리를 돕기 위해 왔다.

사무장은 내 표정을 지긋이 바라보고 이야기했다.

"좀 어때?"

사실 별생각이 없다. 이제는 무슨 수를 쓰더라도 결과를 바꿀 수는 없기 때문이다. 하늘의 뜻에 맡겨진 결과를 기다리는 일만 남았다.

"군데군데 아쉬움은 남아 있지만, 그래도 후회는 없으니까 다행이지."

지난날을 돌이켜 봤다. 출마를 결심했을 때는 이 정도로 당선이 간절하지는 않았다. 낙선되더라도 스물여덟 나이에 공직선거에 출마하는 것이, 내 얼굴과 이름이 동네에 알려지는 것이 큰 경험이 될 것 같았다.

그 철없는 생각이 무너진 것은 출마를 결심한 지 고작 2주 만이었다. 공직선거에 출마한다는 것은 분명히 큰 경험이지만, 경험만으로 선거를 치르기엔 나의 당선을 간절히 바라는 사람들이 많았다. 나는 나의 당선을 바라는 사람들을 위해 달려야 했다. 내가 당선되기를 간절히 바랐던 사람들보다 더 간절해야 했다. 그렇지 않으면 선거를 완주하지도 못 했을 것이다.

선거가 장난이 아니란 것을 알아챈 그때부터 어제까지의 6개월은 간절함의 연속이었다. 그래도 선거가 끝나면 홀가분할 줄 알았다. 하지만 지워지지 않는 부담의 흔적이 마음속에 남아 있었다. 이 흔적은 언제 없어질까? 나를 지지해 준 분들에게 진 마음의 빚을 청산하면 없어지겠지. 아마도 평생 없어지지 않을 것 같다.

더 이상 고민한다고 어찌할 수 없는 일들 속에서 아무 생각도 하지 않고 쓰레기를 치웠다. 책상의 먼지를 닦았다. 가구 비용을 아끼겠다고 쓰레기장에서 주워온 소파도 내다버렸다. 짐을 들여놓을 때는 구색을 갖추는 것 같아 좋았지만, 정리할 때는 이런 짐덩어리가 없다. 왜 많이 쓰지도 않을 A4용지는 잔뜩 샀으며, 쓰지도 않는 모니터는 빌려달라고 했을까.

굳이 나중에 해도 될 짐 정리를 땀까지 흘려가며 했다. 어차피 긴장해서 땀을 흘리나 힘들어서 땀을 흘리나 시간은 똑같이 가는데, 더 생산적인 일이라도 해야 머릿속에 딴생각이 들지 않을 것 같았다. 짐을 하나둘씩 치우니 마음의 응어리도 하나씩 덜어놓는 느낌이다.

더는 치울 힘이 없을 때까지 사무실을 치웠다. 아직 정리할 것이 많이 남았지만, 나머지는 나중에 하자. 이제 오후 7시부터 진행될 개표 현황을 참관하기 위해 개표장으로 갈 준비를 해야 했다. 의자에 앉아 쉬고 있는데, 수행팀장님에게 문자가 왔다.

'석호 씨! 사실 내가 거짓말을 여러 번 했었어. 이따 개표할 때 사람들 만나면 이야기를 못 할 것 같아 미리 말할게. 지는 경기인 줄 알면서도 33% 득표해야 한다고 떵떵거렸어. 석호 씨 다그친 것, 이 점 사과드릴게. 이따 봬요^^'

사실 사과해야 할 사람은 나다. 첫 출마한 병아리 정치인을 데리고 함께 현장에서 험한 꼴을 겪게 해드렸으니 말이다.

"선생님 덕분에 마지막까지 열심히 할 수 있었습니다. 초보 후보자 데리고 같이 다녀주셔서 정말 감사합니다."

답장이 왔다.

"이해해 줘서 고마워 ^^"

햇살이 노을빛으로 바뀌기 시작했다. 때로는 설렘과 함께, 때로는 눈물과 함께 맞았던 노을을 보며 개표장소로 차를 몰았다. 시간 맞춰 개표장소에 도착했다. 예비후보 등록 때부터 만났던 선거관리위원회 주무관님들이 계셨다. 많이 투덜거리기도 했지만 공정한 선거가 치러질 수 있도록 고생해 주신 고마운 분들이다.

"주무관님, 그동안 고생 많으셨습니다. 저 때문에 힘드셨죠?"

"아이고, 고생 많으셨어요. 저희야 늘 하는 일인데요 뭐. 그런데 후보님이 직접 나오셨네요?"

보통 후보는 선거사무소에서 선거를 위해 고생한 지지자와 선거본부 참모들을 격려해 주지만 '석호당선 기획단'은 개표하는 곳으로 총출동 했다. 개표에 참관하면 개표참관 수당이 지급되는데, 조금이라도 비용을 충당하기 위해서였다. 우리 정당에서는 나를 포함해 내 동생, 수행팀장님, 선거 사무장, 석호 당선기획단, 당원님 등이 참관했다. 사람들이 내 안부를 묻는다.

"잘 쉬었어?"

"잘 모르겠네요. 그냥 어쩌다 보니까 하루가 지나갔어요."

무심한 표정으로 긴장감을 숨긴 채 참관석에 앉았다.

개표를 시작할 시간이 다가왔다. 국기에 대한 경례부터 공정한 개표 사무를 위한 선서, 선거관리위원장의 개표 선언까지 이루어지면 투표함이 개표 장소로 들어온다. 공정하고 엄정한 관리를 위해 선거 투표함 이송의 모든 과정은 참관인이 배석하게 되어 있다. 하나둘 들어오는 투표함… 저 속에 나를 선택해 준 투표지도 있겠지.

개표 결과는 투표용지를 가지런히 모아 개표 기계에 넣어 후보자별로 나눈 뒤, 각 후보자의 득표 용지를 기계에 넣어 세어 정확한 득표수를 집계한다. 집계 결과를 프로그램에 입력해 집계소에 전달하면 그제야 선거관리위원회 홈페이지에 업데이트된다. 이러한 절차의 가장 첫 번째 과정인 투표용지 분류 과정에 있으니 나는 개표에 참관하지 않은 다른 후보들보다 몇 시간은 먼저 결과를 알 수 있었다.

"지금부터 개함을 시작하도록 하겠습니다."

선거관리위원장의 개함 선언이 울려 퍼졌다. 투표함이 열리고 내 이름이 적힌 투표용지가 속속들이 책상 위로 쏟아져 나오기 시작했다. 나와 석호 당선기획단 모두 테이블 주위로 모여들었다. 내 이름은 1-가, 1-나, 2-가, 2-나 아래에 있어 다섯 번째 칸에 있었다. 빠른 눈으로 투표용지 다섯 번째 칸에 찍힌 도장이 어느 정도 있는지 확인하기 시작했다.

역시나 생각만큼 많이 보이지 않았다. 일단 수행팀장님이랑 우스갯소리로 주고받던 33% 득표는 확실히 물 건너갔다. 하긴 첫 출마에 소수정당 후보로서 기네스 기록에 견줄 성적은 과한 욕심이다.

개표원의 손을 거쳐 가지런히 정리되는 투표지를 바라봤다. 10장의 투표용지 중 두 장도 보이지 않았다. 20%도 받지 못 한 것이다. 인지도도 없는 정치신인이기에 예상했던 수준이다.

후보가 6명이니 모든 득표를 산술적으로 나눈 값인 17%라도 받으면 당선을 기대할 수도 있었다. 그러나 눈을 돌려도 그 정도도 미치지 못해 보였다.

점점 목표치를 낮추었다. 선거일 이틀 전에 이야기한 예상 득표율이었던 10%는 받을 수 있을까? 10장 중 한 장만 찾으면 된다. 그러나 내 칸에 찍힌 도장을 찾아보기 어려웠다. 사람의 눈치는 빠르다. 1분 만에 열 장의 투표용지 중 나를 찍은 투표용지가 한 장도 되지 않는다는 사실을 알아챘다.

"당선은 안 되겠구나."

테이블 주위에 있는 석호 당선기획단 모두가 침묵에 빠졌다. 혹시나 내가 충격을 받지는 않았는지 주위에서 나를 슬쩍 쳐다보는 시선을 느꼈다. 하지만 어느 정도 예상했기 때문에 담담했다. 그래도 기적을 바라지 않았다면 거짓말이다. 내심 15%의 지지를 바라고 있었지만, 10장의 투표지 중 한 장도 나오지 않았다는 것은 나를 만난 사람 모두가 나를 찍어주지는 않았다는 뜻이다. 물론 표를 사기 전에 마음을 샀어야 했기에 당연한 이야기다. 그 사실을 알면서도 반갑게 인사해 주신 분들 중 누군가는 찍어주지 않았다는 사실을 믿고 싶지 않았다.

모든 투표함의 봉인지에는 투표한 장소가 기록된다. 어느 동에서 온 투표함일까? 어르신이 많이 거주하시는 곳이었다. 이 동네에서 경로당, 지하철역, 시장에서 인사를 했던 기억이 떠올랐다.

사무장이 다가와 아무 말도 하지 않고 내 어깨를 주물러줬다. 나는 아무 말도 하지 않고 그대로 있었다. 같이 개표에 참관한 당원님께서도 다가오셨다.

"괜찮으세요? 너무…."

당원님은 그 뒤에 아무 말도 하지 않으셨지만, 무슨 말이 나올지는 알고 있었다.

"괜찮습니다. 힘든 싸움이라는 것은 처음부터 알고 있었는데요."

그 이후에 오는 투표함도 상황은 비슷했다. 텅 빈 내 이름 옆 칸을 보며 지난 1년 동안 마주했던 상황들이 머릿속에 떠올랐다. 지하실에서 쉬던 아파트 미화원 할머니, 위험한 자전거도로 한가운데서 쓰러져 피 흘리던 여성분, 같이 풀을 뽑으며 환경개선 방안을 이야기했던 주민단체 회장님까지…. 그분들의 표정과 말이 가슴 속을 관통했다.

끝이 안 보일 것 같던 경주의 목적지에 다다른 느낌이다. 하지만 안타깝게도 목적지가 역시 내 희망과는 다른 곳이다. 지난 1년 동안 나는 이 순간을 위해서 달려왔지만, 결국 내가 바랐던 곳에 도착하지는 못했다. 내가 지키고 싶은 사람들을 돕지 못 하게 되었다는 생각에 가슴이 먹먹해졌다.

소수정당 후보로서 선거에 나오는 것은 결국 계란으로 바위치기였다. 처참히 깨진 하나의 계란을 제외한 모든 상황은 신속하게 돌아가고 있었다. 투표용지는 개함부로 갔고 거기서 전체 투표용지와 내가 받은 투표지를 확인할 수 있었다. 1,535표 중 70표였다. 득표율로 환산하면 4.5%다. 15% 득표를 넘기면 선거비용 전액 보전, 10% 득표를 넘기면 선거비용 반액 보전이지만 그건 이제 나와는 상관없는 이야기가 되었다.

'그래도 이게 첫 개함이니까 다른 동네 투표함은 더 나오지 않을까?' 폐허가 된 벌판에서 한 송이의 꽃을 기대하는 마음으로 다른 동네의 투표함도 보기 시작했다.

다른 동네 투표함도 왔다. 이 동네는 젊은 학부모님들이 많이 거주하시는 곳이다. 7,409표 중 405표, 5.4%의 득표율이 나왔다. 앞으로 개함될 수십 개의 투표함 중 5~6개를 봤다. 개함 사정은 앞 투표함이랑 비슷했다. 평균 4%와 6% 사이의 득표율을 기록하고 있었다. 당선도 아닌 이상 더 이상 개함 과정을 유심히 지켜보는 것의 의미가 사라졌다.

정신없이 개함부를 바라보는 선거관리위원회 주무관 사이를 빠져나왔다. 개표장소의 안전을 위해 배치된 경찰들 사이를 빠져

나왔다. 나를 따라 수행팀장님과 사무장이 따라 나왔다. 셋은 찬 바람 부는 길을 아무 말 없이 걸었다. 수행팀장님이 먼저 입을 떼셨다.

"하… 이렇게 안 나올 줄은 몰랐네…."

정말 열심히 했는데, 왜 이렇게 된 것일까? 어디서부터 무엇이 잘못되었는지 따지고 싶었지만 그럴 기운은 없었다. 의자에 앉았다. 하염없이 아무것도 보이지 않는 밤하늘을 바라봤다. 나를 응원해 주고 지지해 주신 분들의 얼굴이 떠올랐다. 내일부터 어떻게 인사를 드려야 할까? 보이지 않는 곳에서 내 당선을 간절히 바랐을 사람들의 얼굴이 다시 떠올랐다. 면목이 없었다.

"괜찮아, 최선을 다 했잖아."

사무장으로 함께 뛰어준 친구가 위로해 줬지만, 크게 와 닿지 않았다. 최선을 다해 노력했으니 한 만큼 표가 나오지 않을까 싶었다. 그런데, 현실은 왜 이렇게 실망스러운 결과로 나오고 있는 걸까? 최선을 다 했다는 것이 무슨 소용인가.

아무 말 없이 개표장소로 돌아갔다. 그 사이 많은 투표소가 개함되었다. 역시나 5% 안팎이다. 낙선이 확실한 시점에서 내가 얻어야 할 것은 유의미한 득표율이었다. '당선에는 실패했지만, 이 정도면 최선을 다했다고 인정받을 수 있는 수준'의 득표율이다. 처음에는 10% 안팎을 기대했지만, 목표를 하향조정해야 했다. 청년 후보였기 때문에 5%가 넘으면 기탁금의 반액을 돌려받을 수 있었다. 한 푼이라도 보전을 받을 수 있는 5%로 목표 득표율로 잡았다.

시간은 12시를 넘겨 1시를 향해 가고 있었지만, 아직 개함해야 할 투표함의 3분의 1도 개함되지 않았다. 모든 개함이 완료되려면 새벽 4시는 넘겨야 할 것 같았다. 4시까지 자리를 지키더라도 내 득표에 큰 변화가 없을 것 같았다. 어차피 목표 득표율인 5%를 넘겨도 50만 원을 보전 받는 것인데, 그게 쓰라린 마음을 붙잡으며 4시간을 기다릴 수 있는 가치가 있는가?

개표 상황은 다른 당원님께서 봐 주신다고 해서 부탁을 드린 뒤 먼저 자리에서 일어나 운전대를 잡았다. 집으로 돌아가는 길, 어제까지만 해도 주위 사람의 관심을 한몸에 받았던 내가 한순간에 이렇게 초라해졌다.

당선이 되지 않을 것이라는 현실을 어느 정도 예상하고 있었다. 쟁쟁한 후보들 사이에서 득표율이 높지 않을 것이라는 예상도 하고 있었다. 그런데 막상 현실을 마주했을 때 어떤 마음가짐을 가져야 할지는 미처 생각하지 못했다.

체념과 분노와 슬픔 그 사이 어딘가의 감정으로 몸을 감싸는 서늘한 바람을 가로질렀다. 불 꺼진 가로등 사이에 걸린 내 현수막을 지나 집에 도착했다. 주차를 한 뒤 시동을 껐다. 집에 들어갈 용기가 나지 않았다. 걸으면 이 공허함이 사라질까? 차에서 내렸다. 무작정 걷자니 힘 풀린 다리로 버틸 힘은 없었다. 다시 차에 돌아왔다.

적막함, 공허함, 외로움이 차 안을 채우고 있었다. 이 외로운 길의 최종책임자는 나였기에 선거가 끝나고 드는 생각들도 오롯이 내가 감당해야 할 몫이다. 오늘 아침에 주고받았던 문자를 다시 보았다.

"방금 총각 찍고 왔어요. 내가 험하게 말해서 미안해요. 고생길에 올라선 게 안쓰러워 그랬어요. 고생 많았고 좋은 결과 있기를 바라요."

눈물이 흘러내렸다. 선거 끝나고 울지 않겠다는 다짐은 지키지 못 했다.

집으로 돌아왔다. 새벽 두 시 반, 시계 소리만이 방 안의 정적을 파고들었다. 그대로 누웠다. 언제 눈이 감긴지도 모른 채 잠에 들었다. 그날 밤 꿈속에서는 유세차를 타고 돌아다니며 목청껏 내 이름을 외치고 있었다.

"기호 3번 장석호입니다!"

"열심히 하겠습니다! 꼭 뽑아주십시오!"

"꼭 부탁드립니다. 장석호입니다!"

개표, 그 이후

울려대는 전화벨 소리에 눈을 떴다. 인쇄업체 대표님이다.

"아이고… 후보님 어떡하십니까. 제가 더 많이 도와드렸어야 했는데…."

푹 잠긴 목소리로 대답했다.

"아, 아니 괜찮습니다."

"아이고, 후보님 주무시고 계셨구나. 미안해요. 위로 전화하려고 했는데 괜히 잠을 깨웠네. 더 주무세요."

이제 후보자도 아니라 낙선자인 나에게 가장 먼저 위로의 전화를 걸어주신 분은 인쇄업체 대표님이다.

"그래도 연락을 주셔서 감사합니다. 아참, 대표님 낙선 현수막 걸려고 하는데요. 오늘 인쇄해서 내일 걸 수 있겠죠? 제가 파일 보내드릴게요."

"아, 그럼요. 보내주시면 저희가 내일 달아 드리겠습니다."

"네, 감사합니다. 저 너무 걱정하지 않으셔도 됩니다. 어려운 싸움이란 것은 알고 있었으니까요."

말은 그렇게 했지만, 기대보다 훨씬 낮은 득표율에 상처받았다는 말은 굳이 하지 않았다. 굳이 말하지 않아도 다 아실 것이기 때문이다. 전화를 끊자마자 침대에서 일어났다. 비록 낙선했지만 선거 전만큼이나 할 일은 많았다. 어제 미리 만들어놓았던 낙선 현수막 인쇄와 게시를 부탁해야 했다.

전화를 끊고 컴퓨터 앞에 앉아 낙선 현수막 디자인 파일을 열었다. 두 자릿수 득표를 받을 수 있다고 생각해 비워 두었던 득표율 칸을 지웠다. 그러고 보니 이제는 개표가 모두 완료되었을 시간이다. 선거관리위원회 홈페이지에 들어갔다. 최종득표율 4.89%, 5%에 70표가 모자란 채 개표가 끝났다. 선거 초반에 나온 지지율이 거의 그대로 이어졌다. 나름 두 자릿수 득표율을 받을 수 있을 것이라는 자신감이 다시 한번 무너졌다. 기탁금의 반액조차도 돌려받지 못했다.

거실로 나왔다. 무슨 일인지 집에는 나 혼자만 남아 있었다. 내 방을 둘러보니 내 모습처럼 꼴이 말이 아니었다. 오래전부터 손을 쓸 수 없을 정도로 어질러져 있었지만 방을 치울 정신은 없어 몸 누울 공간 빼고 온통 선거물품으로 채워졌던 방. 가족들이 치워준다고 했지만 혹시라도 버리면 안 되는 중요한 것들이 있을까 봐 그냥 내버려두라고 했었다.

필요 없는 것부터 버리면서 방을 치웠다. 사실 필요 있는 것이 뭐가 있을까? 한 푼도 보전을 못 받게 생겼는데. 그냥 손에 잡히는 대로 전부 쓰레기통에 집어넣었다. 그래도 나중에 쓸 일이 생길 수도 있겠지? 버리고 나서 후회하지 말자. 이 과정도 기념이니 명함 몇 장과 피켓, 홍보물은 박스에 따로 챙겨 넣었다.

핸드폰을 보니 이미 문자와 부재중 전화가 쏟아져 있었다. 다 낙선을 위로하는 내용이었다.

"후보님, 수고하셨습니다. 다음에는 꼭 당선될 거라 확신합니다."

"수고하셨습니다. 이번 선거가 워낙 접전이어서 큰 정당으로 표가 몰리지 않았나 생각합니다. 너무 상심하지 마십시오. 앞으로도 파이팅입니다!"

"등불처럼 어려운 길 밝히시는 석호 님, 감사와 응원을 전합니다. 너무 고생하셨어요."

"긴 시간 고생 많았습니다. 며칠 푹 쉬고 힘내세요."

"열심히 준비하시는 모습 멋지셨습니다. 뜻하지 않은 결과가 실망스럽더라도 멋진 모습 잃지 않으시기를 바랍니다. 고생 많으셨어요."

많은 문자를 넘겨 읽었다. 이 마음에 당선으로 보답하지 못 해 더 미안했다.

일어나서 뉴스를 봤다. 우리 정당의 지도부가 총사퇴를 했다고 한다. 이번 선거에서 비단 나뿐만이 아니라 우리 정당 소속 후보자들의 결과가 좋지 못한 데 대한 책임을 지기 위해서라고 했다.

며칠 전만 하더라도 나와 손을 잡아주시던 국회의원님은 침울한 표정으로 고개를 숙이고 계셨다. 우리 정당 소속 후보자 대화방은 며칠 전까지 후끈했던 분위기와 다르게 침울한 분위기와 낙선 인사가 줄지어 올라오고 있었다.

선거에 출마한 후보와 정당은 선거기간 동안 많은 빚을 진다. 그것이 금전적 부채든 유권자와 지지자로부터 받는 정치적 부채든 말이다. 이를 당선으로 갚지 못 하면 그 책임은 온전히 정당과 후보가 지게 된다. 금전적 부채도 갚기 힘들지만 눈에 보이지 않는 정치적 부채는 어떻게 갚아야 할까? 권력도 가지지 못한 낙선자가 할 수 있는 것은 미안하다는 말, 책임질 수 있는 것은 책임지겠다고 하는 말뿐이었다.

옷을 주섬주섬 입고 사무실에 갔다. 사무실 앞 카페 사장님께서 나를 부르셨다.

"내가 우리 석호 씨 찍어줬는데… 이제 와서 말하는 거지만, 안 될 것 알고 있으면서도 너무 열심히 하기에. 이런 사람이 시의원 되어야지 하면서 찍어줬어. 그래도 이번만 기회 있는 거 아니니까 다음에 더 열심히 할 거지?"

사장님은 나에게 커피를 한잔 주셨다. 마음은 감사했지만, 왠지 그 약속을 진짜로 지켜야 할 것만 같아서 차마 대답을 하지 못했다.

점심 이후 시간이 지나자 위로 전화를 쏟아지기 시작했다. 친구, 전 직장 동료, 당원, 주민 등 많은 사람들이 전화와 문자로 위로를 건네 주었다. 하나같이 먼저 연락할 때 혹시나 내가 상처받지 않을까 조심스럽게 말씀해 주신다. 힘들지만, 지지해 달라고 이야기했던 분들에게 감사하다고 먼저 연락을 드려야 한다. 주민분들께 문자를 보냈다.

"안녕하세요, 장석호입니다. 이번 안양시의원 선거에서 아쉬운 성적으로 찾아뵙게 되었습니다.

애초에 어려운 도전이라는 것은 알고 있었지만, 말이 아닌 마음으로 정치하겠다는 열망 하나만으로 달려왔습니다. 그렇지만 예상했던 결과보다 아쉬운 성적을 마주하니 마음이 아픕니다.

이번 선거를 통해 사람의 마음을 얻는다는 것이 아주 어려운 일이라는 것을 깨달았습니다.

그래서 저라는 사람을 믿고 기꺼이 마음을 내준 분들에 대한 미안함이 큽니다. 누구도 탓하지 않겠습니다. 제가 더 열심히 하지 못한 탓입니다.

이번 선거를 통해 저라는 사람을 다시 되돌아보겠습니다. 저의 뜻이 주민 여러분의 마음에 녹아들지 못한 이유가 무엇인지, 선거 과정에서 무엇이 부족했는지 성찰하겠습니다.

저 장석호를 믿고 지지해 주시고 마음 내어주신 분들께 감사드립니다. 그리고 죄송합니다.

신발 끈 묶고 다시 시작하겠습니다. 항상 건강하고 행복한 날 되시기를 바랍니다."

다시 위로의 문자가 왔다. 다음 날, 선거 현수막은 철거되고 낙선 현수막이 동네에 걸리기 시작했다. 내 것도 걸렸다.

'보내주신 성원에 감사드립니다. 부족했던 만큼 성실히 채우겠습니다. 장석호 드림'

다음은 낙선인사다. 선거를 시작했을 때부터 만약 낙선하더라도 나를 뽑아달라고 했던 기간만큼은 아니더라도 지지해 주신 데 대한 감사함을 표하는 낙선인사는 꼭 가기로 했다.

선거가 끝나고 낙선 인사나 당선 인사를 할 수 있는 기간은 약 2주다. 인사 기간이 법으로 정해진 것은 아니지만, 선거 이후에 게시되는 낙선, 당선 현수막이 최대 2주 동안 동네에 걸릴 수 있기 때문이다.

2주가 지나고 감사 현수막이 철거되면 선거 분위기가 사라진다. 선거가 끝나도 당선이라는 좋은 일이라면 언제든지 방문해도 괜찮겠지만, 낙선 인사를 가는 것은 어렵다. 선거가 끝나고 한참 뒤에 방문하면 서로가 불편할 수 있기 때문에 낙선 현수막이 걸리는 기간 동안 하는 것이 가장 알맞다.

낙선인사 피켓을 들고 사무실을 나서는 길, 선거운동을 하듯이 나왔지만 좋은 일로 가는 것도 아니기에 마음처럼 발걸음이 쉽게 떨어지지 않았다. 다시, 처음과 마지막 선거운동을 했던 지하철역, 그 자리에 섰다.

"지지해 주셔서 감사합니다."

"부족했던 만큼 열심히 하겠습니다."

"더 열심히 하겠습니다."

소리칠 때마다 내 죄를 내가 알리는 느낌이었다. 대부분의 유권자는 선출 단위가 큰 도지사, 시장, 국회의원 등에만 관심이 있고 그 이하 급의 선거의 결과에는 큰 관심이 없었다. 지나는 사람들 모두 먼저 내가 당선되었는지 낙선되었는지 확인했다. 낙선을 확인하고 나서는 측은한 눈빛을 보내고 지나가셨다.

한 할머니께서 다가오셨다.

"아이고, 이런 거 할 필요 없어. 총각 마음 다 아니까 얼른 들어가 쉬어."

내 손을 꼭 잡아 주셨다. 그 마음에 더 부응했어야 했는데, 왜 그러지 못 했을까.

"할머니, 전 괜찮아요. 더 열심히 하라는 뜻이니까요."

"내가 미안해서 그래. 내가 더 도와주지 못해서 미안해."

할머니는 모퉁이를 돌아설 때까지 피켓을 드는 나에게서 눈빛을 떼지 않으셨다. 몇 분 있다 한 젊은 여성분께서 오셨다.

"어! 당선되셨어요!"

"아니요. 낙선했습니다. 떨어져 버렸어요!"

상처를 감추기 위해 웃으며 이야기했다.

"아, 제가 찍어 줬는데…. 그럼 누가 됐어요?"

"X번 후보하고, X번 후보하고…."

"아니, 그 사람들은 어디 보이지도 않던데 어떻게 당선되었대요?"

이야기할수록 내 마음만 더 아팠다. 물론 내가 지하철역에 가장 먼저 와서 가장 늦게까지 있던 사람인 것은 맞지만 선거판에서 표를 얻기 위한 전략으로는 충분하지 못 했다. 지하철역에 오래 서 있다고 당선되면 지하철 역장이 선거에 출마했을 것이다. 단지 내가 아침저녁으로 인사를 한 것은 명확히 말하면 그것밖에 할 수 있는 것이 없었기 때문이다.

나에게 처음 조언을 해 주시고 감자탕도 사 주신 아저씨도 지나가셨다. 내 손을 꼭 잡은 뒤 엄지를 치켜세워 주셨다. 이름도 모르는 아저씨와의 마지막 인사였다. 그 후로도 몇 명이 찾아와서 아쉬움을 표하고 가셨다. 이렇게 많은 분이 나를 찍어 주셨는데, 왜 제대로 보답하지 못 했을까? 인사하는 나와 나를 바라보는 시민들 서로가 어색하고 불편한 마음으로 서로를 쳐다봤다.

다음날, 시장으로 갔다. 멀리서 호떡집 사장님이 손을 흔들어 주셨다.

"석호 씨! 고생 많았어. 이리 와서 아이스크림 하나 해."

사장님은 나를 보자마자 손을 꼭 잡고 고생 많았다며 위로해 주셨다

"사장님, 기대에 부응 못 해서 너무 죄송해요."

"에이 죄송하긴 뭐가 죄송해! 아직 기회 많잖아. 젊잖아. 그치?"

사장님은 내 등을 툭툭 쳐주셨다. 젊더라도 더 일찍 당선되어

서 사장님 웃게 해드릴 수 있으면 좋았을 텐데. 분식집에도 들어갔다.

"사장님~ 안녕하세요."

"이게 누구야, 석호 씨 아니야? 이번에 어떻게 됐어?"

"떨어졌습니다!"

만나는 사람마다 이야기하다 보니 말하면서 상처받지는 않았지만, 듣는 사람들의 반응은 같았다.

"아이고, 아쉬워서 어떡해. 그래도 젊으니까. 너무 상처받지 말고, 응?"

"예상은 했지만, 막상 들으니까 나도 마음이 아쉽네. 그래도 내가 사실 석호 씨 오기만을 기다리고 있었어. 다른 사람들은 선거 기간에도 잘 안 왔지만, 석호 씨는 선거 끝나도 올 줄 알았거든."

분식집 사장님께서는 나를 꼭 안아 주셨다.

"사장님, 제가 낙선 인사도 하러 왔지만, 여기 떡볶이 먹고 기운 내려고 왔어요."

떡볶이도 맛있게 먹고 다시 힘내서 다음 상가에 가려고 하는데,

"에이, 돈은 됐어. 돈은 필요 없으니까 이거 먹고 힘이나 팍팍 내!"

사장님은 내 손을 한사코 거절하셨다. 그래 이런 사장님 덕분에 선거를 끝까지 뛸 수 있었지. 앞으로 많이 팔아주면 되니까.

"그럼 사양하지 않고, 앞으로 자주 찾아와서 사 먹겠습니다!"

몇 주 뒤에 그 분식집을 다시 갔는데, 가게가 철거되었다. 가게

옆에는 안내문이 붙어 있었다.

'OO분식집에서 못 받은 돈 받아가세요. - XX부동산'

선거기간 동안 자영업의 고충을 토로하셨던 사장님, 힘든 상황에서도 나에게 대접해 준 떡볶이 한 접시. 그 인사가 마지막이 될 줄 알았다면 이름이라도, 번호라도 물어볼걸.

경로당도 다시 찾아갔다.

"할머니~ 할아버지~ 안녕하세요. 장석호입니다."

"오메! 인자 왔네. 당선됐어?"

"아니요. 뚝 떨어졌습니다. 그래도 마음 많이 써 주셨잖아요. 감사한 마음 전하러 낙선 인사드리러 왔어요."

"하이고~! 당선 인사도 아니고 낙선 인사는 내 살면서 처음 받아보네~ 이리와. 와서 떡하고 토마토 먹어."

어르신들은 일단 나를 앉히고 내 입에 음식을 집어 넣어 주셨다. 지비(당신) 이름 까먹지 않으려고 명함 고이 접고 투표장에 들어가셨다는 할머니, 인터넷을 할 줄 몰라 내가 당선되었는지 부산에 사는 아들에게 전화해서 물어보셨다는 할아버지까지 계셨다.

"근데, 아들이 똑바로 답을 못하더라고. 당선됐는지만 알려달라니까 안 됐다고 하더라고."

아버지가 응원해 준 후보가 아쉬운 성적으로 낙선해버렸다는 것을 알려주는 자식의 마음은 어땠을까? 자식 같은, 손주 같은 느낌이라 늘 더 챙겨주고 더 이야기해 주던 어르신들은 더 힘이 되어주지 못 해서 미안하다고 말씀하셨다. 그러나 미안해 하실 필요가 없었다. 오히려 내가 지쳐 쓰러지기 전, 나를 일으켜 세워주셨던 따뜻한 마음 덕분에 용기 내서 선거를 완주할 수 있었다.

"비록 떨어졌지만, 보고 싶을 때마다 찾아와도 되죠?"

"그럼, 우리는 언제든지 환영이야~"

낙선 인사를 하고 며칠 뒤 같은 지방선거에 출마한 다른 정당 소속 청년후보들의 개표결과를 확인할 수 있었다. 모두 당선의 영예를 누렸다. 당선자들은 선거가 끝나고 한참이 지나서야 나에게 연락했는데, 낙선의 아픔을 누구보다 잘 알기에 내 상처가 아물 때까지 기다렸던 것이다. 역시 후보자의 마음은 후보자가 잘 알았다.

나라는 사람을 믿고 지지해 준 모든 분들에 대한 죄책감에 며칠 동안 악몽을 꾸기도 했다. 그러나 계속 죄책감에 주눅이 들어 있을 수는 없다. 낙담을 멈추고 선거 결과에 대한 원인을 차분하게 분석하고 이제는 일상으로 돌아갈 준비를 해야 했다.

석호당선기획단과 선거 평가를 하기에 앞서 나 스스로 이번 선거 패배의 원인을 생각했다. 먼저 선거의 동향인 바람을 제대로 파악하지 못 했다. 선거의 바람은 직전에 치러진 선거에서 집권당이 된 여당을 밀어줄 것이냐, 야당을 밀어줄 것이냐 등 국정에 대한 여론을 바탕으로 형성된다. 야당 소속이었던 나는 야당을 지지하는 바람을 탔어야 했는데, 이번 선거는 여당과 야당이

초접전 판세를 형성하며 각 당의 지지세력이 결집했다. 소수정당 후보자가 파고 들어갈 틈이 없었다.

선출 단위가 작은 선거는 바람보다 인물을 보고 뽑아줄 것이라는 생각으로 '젊은 사람으로 바꾸자'는 프레임을 내세웠지만, 기초의원 선거도 바람의 영향을 크게 받았다. 바람을 타지 못 할 입장이라면 최대한 영향을 덜 받는 작전을 써야 한다. 다시 프레임을 짠다면 '현장정책 전문가'의 이미지를 내세웠을 것 같다.

정당 소속 후보자라면 정당의 이미지에 도움을 받았어야 했는데, 그러지도 못 했다. 여당과 야당의 초접전 양상으로 흘러가며 양당의 의제만 주목을 받았다. 결과적으로 소수정당 후보자로서 살아남기 어려운 판이었다.

선거 양상이 접전으로 갈수록 아슬아슬한 승부가 펼쳐진다. 이번 선거에서도 고작 수백 표 차이로 당락이 결정되는 경우가 동네 곳곳에서 일어났다. 나는 당선자와의 득표 차가 커 아쉽지는 않았지만 종이 한 장 차이로 낙선한 후보는 얼마나 가슴이 미어터질까? 그 마음을 감히 상상조차 하기 어려웠다.

공중에 떠다니는 호감도를 표로 연결시키는 데도 실패했다. 정당의 이미지를 떠나 나를 본 사람들은 모두 내 이미지를 좋게 봐주셨다. 많은 선거현장을 누빈 정당 지역위원장님도 "내가 경기도 곳곳을 돌아다녔는데, 석호 씨 분위기가 정말 좋았어." 라고 말씀해 주셨다. 어딜 가서도 서글서글하게 웃고, 유권자의 말에 경청하고, 눈을 마주치는 내 모습이 선거 때 높은 호감도로 연결되었다. 하지만 선거 때가 되면 유권자는 웃는 얼굴로 대하지만 사실 내 이익을 대변해 줄 수 있는 능력 있는 사람을 찾는다.

경쟁 후보와 비교해 조직력도 약했다. 출마할 때부터 인지했던 부분이지만 조직의 영향력을 과소평가하기도 했다. 도심 지역에서 조직의 영향력이 아무리 약해졌더라도 기성세대에서 입소문을 퍼트리는 연결망은 건재했다. 여기에 더불어 나를 적극적으로 홍보할 수 있는 연락처도 없었다. 선거 기간에 돌입하니 경쟁 후보들은 과하다 싶을 정도로 문자메시지를 많이 보내고 있었다. 저렇게 보내면 유권자로 하여금 불편을 초래할 수 있지 않을까 싶지만, 결과적으로 집요하게 연락하는 사람들이 대부분 당선되었다.

현장 선거운동도 마찬가지다. 유권자들은 선거유세에 피로를 호소하지만 잠시 동안은 실례를 무릅쓰고 나갔어야 했다. 과격한 방법을 쓰거나 지나치게 시끄럽게 하는 것이 아니라면 유권자의 정치적 알권리를 위하여 선거운동의 소음이 어느 정도 용인이 된다. 심하지 않은 수준에서 유세차와 스피커를 활용했어야 했는데, 지레 비호감이 될까 겁먹어서 쉽게 나서지 못 했다.

유권자의 피로감을 경계만 하면 아무것도 하지 못한다. 게다가 선거가 끝나면 불만의 목소리도 자연스레 사라졌다. 결과적으로 잠깐의 비난을 감수하고서라도 동네방네 유세차를 돌리고 소리를 크게 튼 사람이 더 많이 득표했다. 예산이 부족해 선거운동원도 다른 후보의 절반만 고용하고 선거 막판에 거리 현수막을 교체하지 않은 것도 선거운동기간에 고스란히 홍보 역량의 차이로 나타났다.

또한 인터넷 홍보 전략도 미흡했다. 많은 사람의 활동 무대가 오프라인에서 온라인으로 넘어가고 있다. 이제 온라인 선거 준비는 필수가 되었다. 시장, 도지사, 국회의원 선거는 말할 것도 없다. 가장 작은 단위의 선거인 시의원 선거라도 블로그에 정책 내용을 알차게 담거나 지역 카페에 들어가 나를 알릴 수 있는 방법까지 있었는데, 대면 선거운동에만 집중하다 온라인 선거운동을 소홀히 했다.

선거에서 바람은 무섭다. 그래서 몇 년 동안 준비한 후보도 낙선하고, 아무런 준비도 하지 않은 후보가 당선되기도 한다. 이번 선거는 아쉬운 점을 보완했더라도 내가 거스를 수 있는 바람이 아니었다.

낙선의 원인을 정리하고 난 뒤에 보니 마음의 정리도 된 것 같았다. 마음의 정리와 함께 정리해야 할 것이 있는데 바로 선거회계다. 선거가 끝나면 선거관리위원회에서 돈을 얼마나 썼는지 보고를 해야 한다. 공정한 선거를 위한 당연한 절차이지만 계산하는 것은 꽤 복잡했다.

각 지출항목에 해당하는 비목을 정리한 뒤 영수증을 일일이 붙여야 한다. 수입한 금액과 지출한 금액(혹은 지출할 금액)이 일치해야 해서 한 치의 오차라도 보이면 수정해야 한다. 나는 일부러 서류를 복잡하게 만들지 않으려 최대한 간단하게 집행을 했는데도 전부 정리하는 데 꼬박 2주가 걸렸다.

며칠 밤을 새워서 회계보고 서류를 만든 뒤 선거관리위원회에 제출했다. 물론 이것은 끝을 향한 시작이었을 뿐이다. 그 이후로 최소 열 번은 선거관리위원회에 서류를 수정, 보완하러 왔다 갔다 했으니 말이다. 회계 금액에 차이가 나서, 도장을 잘못 찍어서, 통장사본이 제출되지 않아서 등…. 한 글자라도 수정할 부분이 보이면 선거관리위원회에 불려갔다. 역시 정보공개 대상이고 유권자의 알 권리이기 때문에 정확한 내용이 생명이다.

낙선된 입장에서는 자꾸 불려가는 것이 마음 아프지만, 선거관리위원회도 법대로 하겠다는데, 할 말은 없었다. 그렇게 낙선 인사와 회계 처리까지 마무리하니 선거일로부터 꼬박 한 달이 흘렀다. 선거관리위원회와 정이 들어갈 때쯤 모든 절차를 마무리했다.

새로운 시작,
다시 비상하기 위하여

낙선 인사와 정치자금회계 보고를 마친 뒤 마지막으로 사무실에 왔다. 내일이면 이곳을 비워야 한다. 가구를 들여놓고, 현수막을 설치하고, 새벽까지 선거 전략을 의논하고, 많은 분이 찾아와 주셨고, 남몰래 눈물 훔쳤던 이곳에 남은 것은 책상과 의자 하나뿐이다.

나는 이번 선거에서 비록 당선되지 못 했다. 하지만 공직선거에 출마한 것은 나에게 큰 경험을 가져다 주었다. 현장에서 부딪히며 배우고 나니 출마하기 전에는 미처 몰랐던 현실의 벽과 함부로 판단했던 모든 것들을 다시 보게 되었다. 그렇다면 이번 선거를 통해 나는 구체적으로 어떤 것들을 배우고 얻었을까?

의자에 앉아 공책을 폈다. 머릿속에 떠오르는 생각을 그대로 공책에 옮겨 적었다.

먼저 선거는 정치권력을 향한 투쟁이고, 그 과정은 절대 호락

호락하지 않다는 것을 알았다. 정당 소속으로 출마하려면 가장 먼저 당내 공천을 받아야 한다. 여기서 많은 후보가 본선에 출마하기도 전에 공천 탈락이라는 쓴잔을 마신다. 나는 작은 정당 후보라서 공천경쟁이 없었지만 당선 가능성이 높은 큰 정당에서는 공천을 받기 위한 내부 경쟁에서 승리해야 한다.

겨우 공천을 받으면, 나와 똑같은 과정을 거친 상대 정당 후보와 겨루게 된다. 승자의 자리에 오르기 위해 가용할 수 있는 수단과 방법이 전부 동원된다. 돈과 조직이 바탕이 되어야 할 뿐만 아니라 필요하다면 네거티브나 감성에도 호소할 줄 알아야 했다.

선거의 판세는 복잡한 역학관계에 따른 수많은 요소에 의해 결정된다. 거기다 결정 요소들은 모두 상대적이다. 매 선거마다 판세가 달라지는 정치판에서 내가 출마한 이유, 공약, 슬로건, 선거 전략, 네거티브 그리고 그 모든 것을 규정하는 선거법까지 통달해야 한다. 선거는 여러 분야의 예술을 혼합하여 창조하는 정치적 종합예술행위와도 같았다.

공직자의 자격이 어떤 것인지도 알게 되었다. 선거에서 당선되어 권력을 얻으려는 이유는 다양하다. 간혹 내 어릴 적 꿈처럼 텔레비전에 나오는 유명인이 되고 싶다거나 사회적으로 인정받는 권력을 가지고 싶어 정치에 뛰어드는 사람들이 있다. 나도 선거운동을 하는 내 모습이 공중파 뉴스를 통해 나와 텔레비전에 나오고 싶다는 개인적 열망은 달성했지만 그것이 정치를 하는 주목적이 되어서는 안 되었다.

정치는 한 사회 안에서 발생하는 공적 재화를 어떻게 재분배할지 그 방향을 논의하는 과정이다. 그리고 정치인은 논의를 통해 형성된 의견을 결정하는 사람이다. 즉 공동체를 위해 일해야 할 정치인이 개인적인 열망을 위해 권력을 차지하게 되면 오랜 시간 동안 토대를 마련해온 우리 사회에게는 불행이 찾아온다.

구체적으로 누구의 이익을 위해 정치를 하는지 알고 있는 사람이 정치인이 되어야 한다. 난감한 질문에 배시시 웃기만 하는 사람이 아닌 자기만의 철학과 신념을 지닌 사람이 공직자의 자격이 있다는 것을 알았다. 누구의 이익을 대변해야 할지는 경험을 통해 알 수 있다. 그런 의미에서 훌륭한 정치인은 어디선가 홀연히 나타나는 것이 아니라 키워지는 존재라는 것을 알았다. 기존 정치인들에게 답을 찾기 어려운 유권자는 단번에 이 사회를 구원해줄 수 있는 메시아 같은 정치인을 바라곤 한다. 하지만 정치인은 신이 아니다. 현장으로부터 성장의 발판을 마련한 정치인이 더 성숙한 공약과 정치적 비전을 마련할 수 있다.

현장의 목소리는 바로 내 근처에 있다. 이미 많은 사람이 우리 동네와 일터를 좋게 하기 위해 보이지 않는 곳에서 노력하고 계신다. 나 역시도 처음에는 다른 정치인들처럼 단순히 정치 경험이 있다는 이유로 선거에 출마했다. 하지만 그 전에 내가 살고 있는 동네를 더 잘 이해하고 공동체에 더 잘 쓰이는 것이 우선이었다. 시민의 대리인이 되기 위해서는 그만큼 시민의 삶 속에서 함께해야 하기 때문이다.

사람의 소중함도 알게 되었다. 선거 과정에서 가장 아쉬운 점이 있다면 선거를 혼자 치를 수 있다고 생각해 참모 구성을 뒤늦게 했다는 점이다. 그러나 선거는 혼자 할 수 있는 일이 아니었다.

내가 지쳐 쓰러지려 할 때마다 가족, 참모, 당원, 지지자, 유권자 등 많은 사람이 나에게 힘을 주신 덕분에 선거를 끝까지 뛸 수 있었다. 내 주위에 있는 사람들이 얼마나 소중한지 알게 되었다. 나아가 이 분들에게 어떻게 마음을 표현하고, 신뢰를 보내야 하는지도 알았다. 이분들에 대한 고마움을 절대 잊지 않을 것이다.

배운 만큼 아픔도 많았다. 선거가 끝나고 낙선 사실을 쉽게 받아들이지 못해 억울하고 분한 마음으로 며칠 밤을 뒤척이기도 했다. 인간이기 때문에 느끼는 당연한 감정이다. 비록 아픈 기억이지만 모든 과정을 직접 겪었기 때문에 그 시련은 온전한 내 것이 되었다. 4년 뒤, 다시 출마를 한다면 지금까지 겪어온 시련이 고스란히 더 높은 곳을 향한 발판이 될 것이다. 당장은 아프더라도 삶 전체를 통틀어서 볼 때는 성장의 발판이 된 것이다. 돌이켜보면 첫 출마라는 일생의 도전을 무사히 마친 것 자체가 감사한 일이다. 이런 생각을 한 순간 한걸음 성장한 내 모습을 볼 수 있었다.

선거의 과정을 통해 많은 것을 배웠다. 정치의 본질, 정치인의 자격, 나를 믿어주는 사람들, 그 사람들과 함께할 수 있는 삶의 소중함까지…. 현실의 장벽 앞에서 좌절했던 자리에는 성장의 씨앗이 생겼다. 나는 이번 선거를 통해 더 성장할 수 있는 나의 가능성을 발견했다.

공책을 덮고 텅 빈 공간을 바라보았다. 처음 사무실을 계약했을 때로 돌아온 것 같다. 6개월 전 나의 포부와 열정으로 가득 찼던 사무실, 이제는 이곳을 찾아준 사람들이 남기고 간 따뜻한 마음이 빈 공간을 채우고 있었다.

출마하기 전으로 시간을 돌릴 수 있더라도 나는 다시 출마했을 것이다. 시련도 많았지만 해결해 나가는 과정을 겪었기에 출마는 나에게 큰 가르침을 주었다. 다시 돌아오지 않을 청춘의 한 페이지를 출마로 장식한 것은 우리나라의 정치를 이해하는 데, 내 삶을 이해하는 데, 사람의 소중함을 깨닫기에 훌륭한 경험이었다. 생각을 정리하다 보니 어느새 시간은 7시를 넘기고 있었다. 사무실 창문으로 쏟아지는 노을빛을 조명 삼아 편지를 쓰기 시작했다.

안녕하세요, 장석호입니다.

선거사무실을 다 정리하고 이 편지를 씁니다.

남 일을 내 일처럼 생각하기 어려운 시대, 정치에 대한 불신이 극에 달한 이 시대에 정치인에게 마음을 주는 것이 쉬운 일이 아님을 잘 알고 있습니다.

거기에 20대 청년정치인, 공직선거에 처음 출마한 저에게 힘을 실어주시는 것은 어찌 보면 큰 결심이 필요한 일이었을 수도 있습니다. 그 모든 다리를 건너 저라는 사람에게 힘을 실어주셔서 감사드립니다.

선거가 끝나고 성적표를 받았을 때, 솔직히 많이 아쉬웠습니다. 무엇보다 기대에 부응하지 못했다는 생각에 홀로 자책의 시간도 보냈습니다.

그렇지만 제가 지쳐 쓰러지기 전, 저를 일으켜 세워주신 따뜻한 마음 덕분에 용기 내서 선거 끝까지 뛸 수 있었습니다.

그 마음을 잊지 않겠습니다.

저는 이제 새로운 도전을 향해 발걸음을 내딛습니다. 저의 앞길에 어떤 일이 펼쳐질지는 모르지만, 어디에 있어도 우리 동네와 공동체에 더 잘 쓰이겠습니다. 그 마음으로 살아가겠습니다.

지난 과정에 있었던 아픔과 상처는 추억으로 남겨두고 제가 받은 따뜻한 마음에는 책갈피를 끼워 언제든지 기억하겠습니다.

소중한 마음, 잘 간직하겠습니다.

늘 건강하십시오

늘 행복하십시오

편지를 다 쓰고 나서 마지막으로 남아 있던 책상과 의자까지 버렸다. 마음이 홀가분해졌다. 1년 만에 마음의 응어리를 완전히 털어낸 기분이다. 이제 더 이상 나를 짓누르는 그 어떤 것도 없다.

이제는 깨끗하게 빈 마음에 새로운 가능성을 채워야 할 시간이다. 지금의 정치에 희망이 있다고 감히 말할 수는 없지만 그 속에서 희망을 가진 한 사람으로 살아갈 것이다. 어디에 있더라도 내가 사는 공동체의 소중함을 알고 사회에 잘 쓰일 것이다.

사무실은 텅 비었지만, 마음만은 풍요롭다. 산뜻한 마음으로 사무실을 나왔다. 기분 좋은 밤이다.

당신이 예비후보자라면

결과가 좋지 않더라도 과정이 좋았다면 괜찮을까요? 과정이 좋지 않았더라도 결과만 좋으면 괜찮을까요? 오래전부터 뜨거운 논쟁거리였던 이 주제에 정해진 답은 없습니다. 그러나 두 전제의 공통점은 있습니다. 결과든 과정이든 무엇 하나는 남긴다는 것입니다.

"뭐라도 남기는 선거를 해야 한다."

막 출마를 결심한 저에게 선거를 몇 번 치러본 선배님들이 해주신 조언입니다.

선거는 지독한 경쟁입니다. 패자부활전은커녕 잔인할 정도로 승자가 모든 과실을 독식합니다. 한정된 자리를 향해 모두가 전력질주를 하지만 당선자의 수는 정해져 있습니다. 20대 국회의원 선거의 경쟁률은 약 3.7:1, 21대 국회의원 선거의 경쟁률은 약 4.4:1을 기록했습니다. 국회의원선거 출마자를 기준으로 평균적으로 4명 중 3명은 선거가 끝나면 당선이라는 꿈에서 깨어나야 합니다.

선거운동을 할 때는 이 조언의 의미를 알지 못했지만 선거가 끝나자마자 이해할 수 있었습니다. 그 조언 속에서 인생을 바치며 들인 노력이 물거품이 되었을 때 뭐라도 손에 잡고 싶었던 동료, 선배님들의 마음을 느낄 수 있었습니다.

낙선의 감정은 직접 출마한 후보자만이 알 수 있습니다. 위로의 안부를 전하는 사람들 앞에서 웃을 수도 없습니다. 그렇다고 울 수도 없습니다. 밥을 먹어도 배가 고프고 공허한 마음에 자괴감까지 듭니다. 당선이 되면 좋겠지만 모두가 그 영예를 누릴 수는 없습니다. 어려운 선거가 예상된다면 출마를 통해 무엇을 남길 것인지 고민해야 합니다.

먼저, 출마 전 선거의 구도를 냉정하게 분석하고 내가 당선될 가능성이 얼마나 있는지 파악해야 합니다. 당선 가능성을 파악하는 것은 크게 어렵지 않습니다. 선거의 판세는 선거운동을 시작하기 전에 '바람, 구도, 인물' 이라는 요소에 의해 대부분 결정되기 때문입니다. 여론조사를 통해 구체적인 지지 동향을 파악할 수도 있습니다.

이렇게 판세를 분석한 뒤 출마의 목표를 세우면 선거운동의 방향도 명확해집니다. 정당 내에서든 지역에서든 나를 응원해 주는 조직이나 지지자를 남길 수 있습니다. 인지도를 올려 다음 선거를 위한 발판을 세울 수도 있습니다. 표를 얻어야 하는 정치인은 선거기간에 얼굴을 비추는 것이 유권자의 기억에 남을 수 있는 가장 좋은 방법이기 때문입니다. 실제로 많은 유권자들이 지난 선거에 나온 후보들을 기억하고 계셨습니다.

출마를 통해 정치적 목표를 찾을 수도 있습니다. 선거에 출마한 후보자는 생전 들어본 적도, 가본 적도 없는 곳에서도 초대를 받습니다. 유권자가 있는 곳이라면 모두 찾아가야 합니다. 처음 마주하는 세계에서 내가 경험하지 못한 이야기를 듣고 내가 대변해야 할 사람을 찾을 수도 있습니다. 나무도 뿌리가 깊어야 흔들리지 않습니다. 선거는 정치적 뿌리를 내릴 수 있는 좋은 기회입니다. 그렇게 남기는 모든 것이 후보의 정치적 자산이 됩니다.

이는 당선을 위해 출마한 후보자도 마찬가지로 고민해야 할 것입니다. 선거 과정에서 배우는 모든 것은 의정활동의 나침반이 되기 때문입니다. 극한의 경쟁에 품위를 유지하기 어려울 때도 있습니다. 당선만을 위해 앞만 보다가 주위 사람들의 신뢰를 잃는 정치인도 많습니다. 그럴 때일수록 내가 정치를 시작한 이유가 무엇인지 생각하고, 옆과 뒤도 돌아보시기를 바랍니다. 출마하기 전에 구체적인 목표를 미리 세워둔다면 당선이 되도, 낙선이 되도 많은 것을 남길 수 있을 것입니다.

선거에 출마한 후보의 활동에 직접적인 영향을 주는 것은 역시 돈입니다. 자본주의 사회에서 나를 알리기 위해 돈을 쓰는 것은 당연하지만, 청년정치인이나 정치신인으로서는 홀로 감당하기 어려운 선거 예산서에 깜짝 놀라곤 합니다.

물론 10% 이상 득표하면 지출한 선거비용의 절반을, 15% 이상 득표하면 지출한 선거비용의 전액을 보전 받을 수 있습니다. 선거예산계획 수립을 위해서라도 출마 전 예상 득표율을 계산하는 것은 필수입니다. 보전도 받기 어려운 선거에 전 재산을 쏟아 붓고 대출까지 받아 선거비용 한도를 채워 선거를 치르기에는 남은 인생도 소중합니다. 아무리 열정이 넘치더라도 돈 앞에서는 현실적이고 치밀한 계획을 세우셔야 합니다.

정치자금을 모으기 위해 후원회를 설립하거나, 출판기념회를 개최해 자금을 충당할 수도 있습니다. 주의해야 할 것은 출판기념회는 선거법에서 규정한 '정치자금'을 모금하는 것은 아니라는 점입니다. 출판기념회를 통해 모은 돈은 선거관리위원회에 신고할 필요도 없어 다른 모금 수단에 비해 자유롭지만 출판기념회를 통한 선거운동은 불가능하고 선거법상 개최를 제한하는 기간이 있습니다. 출판기념회는 법적 사항을 꼼꼼히 따진 후 진행하셔야 합니다. 어쨌든 출판기념회와 후원회 설립 모두 출마자가 할 수 있는 방법이지만 돈을 줄 사람이 있어야 의미가 있습니다. 결국, 조직과 연락처의 중요성을 이야기하지 않을 수 없습니다.

조직과 연락처는 출마자의 경쟁력과도 같습니다. 대면 선거운동만으로는 후보를 알리는 데 한계가 있습니다. 선거기간 동안 온종일 동네를 돌아다녀도 직접 만날 수 있는 유권자의 수는 전체의 10% 수준에 불과합니다. 예비후보 기간에는 대면선거운동과 함께 조직과 연락처를 통한 선거운동을 병행하는 것이 효율적입니다. 정치신인에게는 가장 취약한 부분이지만 공천 심사 과정에서 평가기준에 포함되고, 정치자금 모금에서부터 선거운동까지 후보에게 가장 필요한 것들을 해 줄 수 있으니 조직이나 지지자의 연락처를 확보하기 위해 꾸준히 노력해야 합니다.

출마를 결정했다면 유능한 선거 참모를 빠르게 섭외해야 합니다. 저는 혼자서도 선거를 치를 수 있다고 생각했습니다. 선거가 끝난 지금 돌이켜보면 가장 아쉬운 점으로 남습니다. 출마를 일찍 결심해 다른 후보보다 유능한 선거참모를 모시고 올 수 있는 시간을 전부 흘려보냈습니다.

선거가 다가올수록 후보가 자율적으로 결정할 수 있는 범위가 줄어듭니다. 효율적으로 유권자를 만나기도 바쁠 시간에 후보가 세세한 선거 전략까지 챙겨야 한다면 당선과는 멀어질 수밖에 없습니다. 회계, 조직, 정책, 홍보, 선거운동까지 점점 선거 참모의 결정에 따라야 합니다.

선거법에 능통한 사람은 아주 드뭅니다. 출마를 결심했다면 각 분야의 전문 참모를 빠르게 물색하시기 바랍니다. 예산이 부족해 참모를 모시기 어렵다면 선거 사무장과 회계책임자만이라도 꼭 모시기를 바랍니다. 사무장은 힘이 들겠지만 홍보나 수행까지는 겸할 수 있습니다. 선거회계 역시 자칫 관리를 잘못하거나 선거비용제한액을 과하게 넘기면 당선 무효까지 될 수 있습니다. 회계책임자 선임과 함께 후보도 선거기간 전에 틈틈이 선거회계에 대해 감을 익히셔야 합니다.

그렇게 돈과 사람이 모여야 선거운동을 시작할 수 있습니다. 선거운동은 그 시기에 형성된 유권자의 표심을 굳히거나 뒤집는 과정입니다. 중도층이 많거나 접전이 예상된다면 선거운동은 그 중요성이 더욱 커집니다.

제가 책에서 쓴 선거운동 방법이 모두에게 정답이 될 수는 없습니다. 각자의 상황에 맞는 방법을 찾아야 합니다. 중요한 것은 내 힘을 쓰든 타인의 힘을 쓰든 어떻게든 유권자의 머릿속에 각인되어야 한다는 점입니다. 후보의 장점을 잘 살릴 수 있는 선거운동 방법을 충분히 고민하셔서 효율적인 방법을 찾으시기를 바랍니다.

마지막으로 제가 선거운동을 할 때 가장 많이 놓쳤던 것이 밥 먹는 시간입니다. 한 명의 유권자라도 더 만나겠다고 돌아다니다 보면 하루에 한 끼만 먹는 날도 많았습니다. 그러나 선거는 체력전입니다. 제때 먹지 못한 밥이 나중에 피로로 돌아왔습니다. 후보가 쓰러지면 그 선거는 끝입니다. 아무리 시간이 없어도 제 때 밥과 영양제를 잘 챙겨 드시기 바랍니다. 당선만큼 소중한 것이 건강입니다.

선거를 치르고 난 뒤 과정을 뒤돌아보니 후회는 없었지만 선거

전에 미리 알았으면 좋았을 것들이 많았습니다. 그 모든 것들이 아쉬움으로 남았습니다. 선거가 끝나면 저의 경험을 담아 첫 출마자에게 도움을 줄 수 있는 책을 꼭 쓰겠다고 다짐했습니다. 그런데 막상 책을 쓰려고 하자 책을 한 번 쓴 경험이 있는 저도 글을 쓰기가 쉽지 않았습니다. 낙선한 것도 마음 아픈데 그 과정을 글로 풀어내는 것이 상처를 다시 쑤시는 것 같은 아픔으로 느껴졌기 때문입니다.

그럼에도, 선거기간 동안 느낀 경험을 되살려 한 페이지씩 써 내려갔습니다. 첫 출마의 과정을 복기하고 알리는 것이 나중에 선거에 발을 들일 누군가에게 안내서가 되기를 바랐기 때문입니다. 제 경험이 담긴 이 책이 외로운 길에 들어선 모두에게 작은 등불이 되기를 바랍니다.

정치를 바라보는 유권자의 시선은 여전히 차갑습니다. 유권자의 목소리가 아닌 힘의 논리가 지배하는 정치에 희망이 있는지 의심이 들기도 합니다. 그런 정치판에서 한 줄기 빛이 되고 싶다는 후보님과 참모님들 덕분에 그래도 우리 정치는 한 걸음씩 전진하고 있습니다.

오늘도 현장에서 고군분투하시는 모든 후보자님과 참모님께 격려와 응원을 드립니다. 결코 쉽지 않은 이 길에 들어선 모든 분들의 미래에 밝은 빛이 비치기를 기원합니다.

| 부록 |

선거, 이대로 괜찮나요?

"50년 동안 똑같은 판에 삼겹살을 구워먹으면 고기가 시꺼매집니다. 이제 판을 갈 때가 왔습니다."

2004년, 지금은 돌아가신 한 정치인께서 선거제도 개혁의 필요성을 이야기하며 든 예시입니다.

우리나라는 한국전쟁 이후 정치, 경제, 사회 등 모든 수준에서 비약적인 발전을 이루었습니다. 민주화 이후 유권자들이 정치를 바라보고 대하는 시선도 달라졌습니다. 권위주의의 유산이었던 정치가 시민의 품으로 돌아왔습니다. 풀뿌리 민주주의의 강화로 일상적인 정치참여의 방법도 다양해졌습니다.

그러나 유권자의 대리인을 선출하는 선거제도의 근본은 변하지 않았습니다. 경제지형과 사회양상은 일 년이 멀다 하고 변하고 있지만, 선거제도는 여전히 군사정권 시대에 만들어진 내용으로 머물러 있습니다. 불판교체론이 나온 지도 벌써 20년이 다 되어가니, 한국사회는 똑같은 불판을 70년째 쓰고 있는 것입니다.

아무리 좋은 고기라도 탄 불판 위에 올리면 똑같이 타기 마련입니다. 선거제도를 개혁해야 한다는 주장이 정치권, 언론, 학계, 시민단체 등 다양한 사회 구성원에게서 나오고 있는 이유입니다.

선거제도는 권력을 쟁취하기 위한 게임의 규칙을 결정하는 틀입니다. 그런데 선거법은 다른 게임과는 다르게 이긴 사람들이 규칙을 결정하게 됩니다. 선거에서 다시 한 번 당선되고 싶은 사람들이 본인들에게 유리하게 규칙을 바꾼다는 비판에 마주할 수밖에 없습니다.

거기에 정치인들은 의도적으로 정치에 대한 혐오를 유발해 유권자로 하여금 정치에 관심을 끊도록 만들었습니다. 유권자들이 정치에 실망을 표시하며 관심을 끊을 동안 견제세력이 사라진 정치인들은 규칙을 자연스레 승자에게 유리한 구조로 바꾸었습니다.

승자에게 유리하게 만들어진 지금의 선거제도에서는 민의가 제대로 반영될 수 없습니다. 유권자의 목소리를 들어야 할 정치인들이 당내 권력자를 향한 줄서기에 열중하고 있습니다. 소수정당 출마자에게도 현행 선거제도는 힘겨운 싸움판입니다. 1등만 당선되는 선거에서는 1등이 아닌 후보가 받은 표는 전부 사표死票로 전락합니다. 선거 때마다 나오는 대량의 선거 폐기물도 문제입니다. 후보자를 알리겠다고 2년마다 한 번씩 선거홍보물이 동네를 뒤덮지만 선거가 끝나면 전부 쓰레기통으로 갑니다.

지금의 선거제도로는 정치인을 제대로 견제할 수 없습니다. 홍보방식도 과거에 머물러 있습니다. 바꾸지 않으면 그 피해를 우리의 미래세대가 보게 됩니다. 제가 정치를 하며 느낀 점들을 바탕으로, 유권자의 의견이 더 잘 반영되고, 정치의 수준을 유권자 친화적으로 바꿀 수 있는 선거제도의 개혁안에 대한 저의 의견을 이야기하려 합니다.

비례성을 강화한 선거제도 개혁

우리나라 공직선거는 하나의 선거구에서 한 명의 당선자만을 선출하는 소小선거구제입니다. 소선거구제에서 하는 투표는 1등만 당선되는 구조입니다. 1등이 아닌 후보의 표는 유권자의 의사를 대변할 수 없는 사표가 되어버립니다. 1등만 살아남는 소선거구제의 특성상 승자가 모든 권력을 독식하게 됩니다.

소선거구제는 지역주의와 함께 정치양극화의 심화를 불러옵니다. 1등만 당선되기 때문에 될 사람 밀어주자는 사표방지심리가 작동해 유권자가 던지는 표의 자율성도 떨어지게 됩니다. 기초의원 선거에서는 중선거구제를 도입하고 있지만 국가적으로 확대하기에는 우려되는 지점도 있습니다. 이렇게 민의가 제대로 반영되지 못하게 된다는 소선거구제의 단점을 보완하기 위해 도입된 제도가 비례대표제입니다.

비례성 강화를 통해 정치신인과 소수정당의 진입장벽이 낮아지고, 정치양극화를 해소할 수 있습니다. 비례대표는 정당에 투표하게 됩니다. 비례성이 커질수록 정당은 정책을 중심으로 움직이게 됩니다. 궁극적으로 정책 중심의 선거를 펼칠 수 있는 환경이 마련될 수 있습니다. 그러나 현재 국회 비례대표 의석의 비중은 20%대 수준에 머무르고 있습니다.

한정된 국회의석수인 300석 내에서 지역구 정치인들은 본인이 차지할 수 있는 의석이 줄어들 기미가 보이면 비례대표 의석을 줄여가면서 지역구 의석을 사수해냈습니다. 이 역시 선거의 규칙을 만들 수 있는 정치인들이 만들어낸 결과입니다.

몇 년 전, 국회에서 비례성 강화를 위한 선거제도 개혁안이 추진되었으나 각 당의 정치적 셈법이 작용해 소리만 요란하고 누더기가 된 법이 통과된 사례가 있습니다. 더는 이런 실수가 나오지 않도록 제대로 정비를 해야 합니다.

1등이 아니면 의미 없는 선거에서 후보자는 유권자의 선택을 받기 위해 욕망의 언어를 쏟아냅니다. 그렇지만 이제는 다양한 의견을 대변하는 합리적인 정치가 필요합니다. 유권자의 지지가 왜곡되지 않도록 바꿔야 합니다. 국민적 관심이 높은 국회의원 선거에서부터 비례성을 강화해야 합니다. 국회 의석에 다양한 민의가 반영될수록, 견제의 정치가 작동할수록 어떤 변화가 일어나는지 이제는 보여줘야 합니다. 비례성을 강화한 선거제도 개혁은 승자독식의 틀을 깨고 정책 중심의 선거판을 만들어내는 첫걸음이 될 것입니다.

대통령 결선투표제 도입

행정부의 수장을 선출하는 대통령선거나 지방정부의 수장을 선출하는 단체장 선거는 입법부 선거와 다르게 당선자의 자리가 하나밖에 없습니다. 행정의 결정권자가 두 명이 될 수는 없기 때문입니다. 대통령과 단체장을 선출하는 선거는 구조적으로 소선거구제를 채택할 수밖에 없습니다. 당연히 1등 빼고 사표가 되는 구조에서는 민의 반영에 대한 문제가 제기됩니다.

1987년 대통령 직선제 이후 절반 이상 국민의 지지를 받아 대통령에 당선된 사람은 박근혜 전 대통령 한 명뿐입니다. 역대 다른 대통령들은 전부 절반에 달하는 지지를 받지 못 했습니다. 내가 뽑은 대통령을 갖지 못 한 유권자는 당선된 대통령을 쉽게 지지하지 않습니다. 나라를 다스리기도 바쁜 대통령이 영양가 없는 정쟁으로 국정운영 동력을 잃는 것은 그만큼 대표성을 지니지 않기 때문이기도 합니다.

심지어 이 지지율도 국회의원 선거와 같이 '될 사람 밀어주자'는 사표방지심리가 반영된 결과이기도 합니다. 누구나 유권자의 한 표는 소중하다고 하지만 1등만 당선되는 게임의 규칙 속에서 유권자가 던지는 표의 자율성은 떨어지게 됩니다.

이러한 단점을 보완해 주는 제도로 결선투표제 도입의 필요성이 제기되고 있습니다. 결선투표제는 첫 번째 투표 결과 1등 후보자가 과반에 달하는 득표를 얻지 못하면 1, 2위 득표자에 한해 재

투표를 실시해 1등 후보자가 당선되는 투표 방식입니다. 유럽권 국가에서 주로 시행되고 있습니다.

결선투표제의 장점으로는 단일화에 대한 압박이 줄어들어 유권자가 찍고 싶은 후보를 찍어 상대적으로 민의를 잘 확인할 수 있다는 점입니다. 첫 번째 투표에서 과반을 얻은 후보자가 없어 두 번째 투표로 넘어가게 되는 과정에서 자연스레 정당 간 연합이 이뤄질 수도 있습니다. 또한 당선된 후보자의 민주적 정당성을 높여 국정운영의 안정성을 보장할 수 있습니다.

결선투표제 도입에 대한 여론은 성숙해졌습니다. 오래전부터 대통령 선거에 결선투표제를 도입하자는 여론과 법안 발의, 헌법 개정안까지 나왔지만, 정쟁 속에 진전은 없습니다. 정치권의 결단만 있으면 됩니다. 무엇보다 유권자의 여론이 뒷받침되어야 할 것입니다.

환경오염 선거운동 타파, 온라인 선거운동으로 전환

환경오염 선거운동에 대한 작별인사를 고할 때가 왔습니다. 대표적으로 거리현수막이 있습니다. 후보를 알릴 수 있도록 법과 규정에 정해져 있는 선거운동 방식이지만 지나치게 환경을 오염시킵니다. 기후위기 시대에 각 정당에서는 환경 관련 공약을 쏟아내고 있지만, 정작 선거가 다가오면 공약이 무력해질 만큼 유해한 물질로 만들어진 합성수지 현수막이 동네를 뒤덮습니다.

2022년 전국동시지방선거에는 7천 명이 넘는 후보가 출마했습니다. 십만 장이 넘는 현수막이 거리를 뒤덮었을 것으로 예측하고 있습니다. 이에 문제의식을 느끼고 지방자치단체에서 현수막을 재활용하는 사업도 펼치고 있지만 근본적인 해결 방법은 아닙니다. 선거기간에 사용되고 버려지는 현수막의 양이 워낙에 많아 전부 재활용을 할 수 없기 때문입니다. 그리고 재활용되지 못한 현수막은 태워지는데, 이 과정에서 유해물질이 다량으로 배출됩니다.

거리현수막은 선거 기간 때 며칠 잠깐 쓰이고 쓰레기로 전락하지만 이를 제작, 게시하는 비용도 선거비용이기 때문에 일정 득표율을 넘으면 비용을 보전 받을 수 있습니다. 반환경적인 현수막을 제작, 게시, 이동하는데 세금이 투입되는 일이 선거 때마다 반복되고 있습니다.

일부 환경단체에서는 유해물질이 많은 거리현수막의 사용 중단을 위한 법, 규칙 개정을 국회나 선거관리위원회에 요구하고 있습니다. 근본적인 개선안이 선거법에 규정되지 않는 한 쓰레기 대란은 2년마다 돌아오는 선거 때마다 반복될 것입니다. 이제는 근본적인 해결 방법을 모색해야 합니다.

현재 법으로 정해진 거리현수막 게시 가능 수량을 축소하고 SNS 등을 통한 온라인 선거운동의 비중을 높여야 합니다. 선거기간에 집집마다 꽂히는 홍보물도 꼭 제출해야 하지만 대부분이 버려지게 됩니다. 온라인 선거운동으로의 전환을 고민해야 할 시점입니다. 장기적으로는 폐지까지도 고려해야 하지만 온라인 접근이 어려운 디지털 취약계층이나 고령세대에 대한 선거정보 접근을 위한 정책보완이 먼저 이루어져야 할 것입니다.

유해물질을 포함하지 않고, 땅에 묻으면 자연분해 되는 친환경 소재로 제작된 현수막을 사용하자는 의견도 있습니다. 현재로서는 가격이 걸림돌이지만 어차피 선거비용 보전은 나라에서 해주는 것입니다. 게첩 가능한 거리현수막의 개수를 줄이고 자연분해 되는 소재의 현수막을 사용하게 하거나 자연분해 되는 소재의 현수막만 선거비용으로 보전해 주는 것도 방법이라고 생각합니다.

정당공천제도 개혁

현재의 정당공천제도는 정치인들이 유권자가 아닌 공천권을 쥔 당 대표를 바라볼 수밖에 없는 구조입니다. 당직선거에서 선출된 당 대표가 공천에 큰 영향력을 행사할 수 있기 때문입니다. 현재의 정당공천제가 유지되면 줄 세우기 정치는 근절되지 않을 것입니다.

우리 동네를 풍요롭고 살만하게 만들어줄 정치인은 당대표가 만들어주지 않습니다. 정치인은 유권자로부터 견제 받아야 합니다. 현재는 소선거구제와 정당공천제가 만나 깃발만 꽂으면 당선되는 곳이 많지만 정당공천제를 함부로 폐지할 수도 없습니다. 후보가 난립해서 수십 명의 후보가 등록한다면 결국 조직 선거로 귀결되기 때문입니다.

결국 정당공천의 효율적인 시스템이 가동되어야 합니다. 자기 사람 꽂는 낙하산 공천, 밀실 공천을 근절하고 동네에서 주민들과 부대끼고 현장의 문제를 직접 겪고 해결하는 과정을 거친 사람, 시민의 눈높이에 맞는 사람, 확실한 비전을 가진 사람이 후보가 될 수 있는 토대가 마련되어야 합니다. 이를 위해 지역시민 검증단을 구성하는 사례도 볼 수 있습니다. 당내 공천권만 믿고 지역의 일을 등한시하는 정치인은 이제는 사라져야 합니다.

지역정당 혹은 지구당 부활

지역의 목소리가 반영될 수 있는 정치적 구조가 필요합니다. 현재 정당법에서 규정하고 있는 정당 설립은 5개의 시 · 도당을 두고 각 시·도당에 1천 명 이상의 당원을 두어야 정당으로 인정받을 수 있습니다. 이 조항은 1962년에 만들어졌는데, 60년도 전에 만들어진 이 법 때문에 한국 사회에서 지역정당이 발들일 틈이 없게 되었습니다.

지역정당의 대안으로 정당 지구당이 있었으나 2004년 폐지되었습니다. 그 결과 정치에 뜻을 가진 사람들이 활동할 수 있는 수단이 축소되고 정당이 지역 유권자와 소통할 수 있는 통로가 차단되었습니다.

권력은 자연스레 여의도에서 활동하는 지역구 현역 국회의원들에게 쏠리기 시작했습니다. 지역의 문제는 현장에서 해결해야 하는데, 해결의 실마리는 전부 서울로 가게 된 것입니다. 자연스래 지역 정치인 모두가 여의도만을 바라보기 시작했습니다. 결국, 지역정치가 중앙정치에 예속되는 결과가 만들어졌습니다.

예전에는 군소정당이 난립할 우려가 있다며 법안 통과가 좌절되었지만, 지금의 상황은 군소정당을 만들어서라도 지역소멸을 막아야 하는 때입니다. 지역정당 혹은 지구당의 부활이 부작용이 아예 없다고 할 수는 없지만, 아물지 않는 상처에 빨간약이라도 필요한 상황입니다. 이제는 지역에서 주도적으로 정치적 활동을 할 수 있도록 지역정당과 지구당의 부활을 논의할 시점입니다.

국회의원 증원

마지막으로 선거제도에서 가장 예민한 문제로 다뤄지는 '국회의원 수 증원'입니다. 이 주제를 이야기하기 전에 그들의 역할을 먼저 이해할 필요가 있습니다. 국회의원은 행정부를 견제하고 국가의 예산을 심의하고 법을 만드는 독립적인 헌법기관입니다. 한마디로 할 일이 아주 많은 분들입니다.

지금의 우리나라 선거제도에서는 한 명의 정치인이 대변해야 할 유권자 수가 너무 많습니다. 1948년 우리나라 인구가 2천만 명일 때 제헌의회의 국회의원은 200명이었습니다. 한 명의 의원이 10만 명을 대표했습니다. 우리나라 인구가 현재 약 5천만 명임을 고려하면 국회의원 정수 역시 5백 명이 되어야 합니다. 유권자들은 정치인들이 선거 때만 나온다고 하지만 그럴 수밖에 없는 구조도 있는 것입니다. 물론 70년 전에 비하면 정치인의 역할이 많이 달라졌습니다. 대부분 정치학자가 현재 우리나라에 있어야 할 적정 국회의원 수로 350명에서 450명까지 이야기하고 있습니다. 이런 주장에 유권자는 싸늘한 반응을 보이고 있습니다. 가뜩이나 텔레비전만 틀면 싸움만 하는 사람들을 더 보고 싶지는 않으실 것입니다. 그러나 국회의원 수를 유지하거나 줄이면, 이는 오히려 권력을 가진 사람들에게 더 유리해지게 됩니다. 국회의원 수가 늘어나면 본인들이 누리는 특권이 줄어들기 때문입니다. 또한, 국회로부터 견제를 받는 기업과 행정부 관료로서도 견제 세력이 많아지기에 국회의원 증원을 원치 않습니다.

현재 국회의원에게는 제대로 된 견제 세력이 없습니다. 이는 정치인에게는 좋지만 유권자에게는 독이 될 수 있습니다. 현재의 문제를 해결하기 위해서는 한 명의 국회의원에게 과중된 역할을 나누고 다양한 사회주체로부터 견제 받을 수 있게 해야 합니다. 그러기에 국회의원 수 증원이 필요합니다. 여론의 반대가 심각하다면, 나라 곳간에서 더 나가는 돈은 없도록 현재 국회의원에게 나가는 세비를 동결한 채 인원만 늘리는 것도 방법입니다.

첫 번째 주장으로 펼친 비례성 강화 역시 국회의원 수 증원과 함께 논의되어야 할 것입니다. 지역구 선거구를 유지하면서 의원 수를 늘리면 국회의원에게도 설득이 쉬울 것입니다.

정치신인을 위한 선거 미리보기

스물여덟,
시의원 출마로 배운 세상

지은이 장석호
발행일 2023년 6월 30일
펴낸이 양근모
펴낸곳 도서출판 청년정신
출판등록 1997년 12월 26일 제 10-1531호
주　소 경기도 파주시 문발로 115 세종출판벤처타운 408호
전　화 031) 955-4923 팩스 031) 624-6928
이메일 pricker@empas.com